Jean Racine

Phèdre

Dossier et notes réalisés par
Ève-Marie Rollinat-Levasseur

Lecture d'image par
Agnès Verlet

folioplus
classiques

Jean Racine

Phèdre

Agrégée de lettres classiques, **Ève-Marie Rollinat-Levasseur** est maître de conférence à l'université de Paris III-Sorbonne nouvelle. Ses travaux de recherche portent sur le théâtre classique, l'histoire des publications théâtrales ainsi que sur la didactique des langues et de la littérature.

Maître de conférence en littérature française à l'université d'Aix-en-Provence (Aix-Marseille-1), **Agnès Verlet** est l'auteur de plusieurs essais, dont *Les Vanités de Chateaubriand* (Droz, 2001), *Pierres parlantes, Florilège d'épitaphes parisiennes* (Paris/Musées, 2000). Elle a rédigé le dossier critique des *Aventures du dernier Abencerage* de Chateaubriand (« La bibliothèque Gallimard » n° 170) et conçu et commenté l'anthologie *Écrire des rêves* (« La bibliothèque Gallimard » n° 190). Elle collabore à des revues (*Magazine littéraire, Europe, Les Lettres de la S.P.F.*). Elle a également publié des œuvres de fiction, parmi lesquelles *La Messagère de rien* (Séguier, 1997) et *Les Violons brûlés* (La Différence, 2006).

© *Éditions Gallimard, 1995*
pour le texte établi par Christian Delmas
et Georges Forestier,
2008 pour la lecture d'image et le dossier.

Sommaire

Sommaire

Phèdre
Tragédie

= Personnage Important

= Evénement important

Préface

Voici encore une tragédie dont le sujet est pris d'Euripide. Quoique j'aie suivi une route un peu différente de celle de cet auteur pour la conduite de l'action, je n'ai pas laissé d'enrichir ma pièce de tout ce qui m'a paru le plus éclatant dans la sienne. Quand je ne lui devrais que la seule idée du caractère de Phèdre, je pourrais dire que je lui dois ce que j'ai peut-être mis de plus raisonnable sur le théâtre. Je ne suis point étonné que ce caractère ait eu un succès si heureux du temps d'Euripide, et qu'il ait encore si bien réussi dans notre siècle, puisqu'il a toutes les qualités qu'Aristote[1] demande dans le héros de la tragédie, et qui sont propres à exciter la compassion et la terreur. En effet, Phèdre n'est ni tout à fait coupable, ni tout à fait innocente. Elle est engagée par sa destinée, et par la colère des dieux, dans une passion illégitime dont elle a horreur toute la première. Elle fait tous ses efforts pour la surmonter. Elle aime mieux se laisser mourir que de la déclarer à personne.

---

1. Le philosophe grec Aristote (384-322 av. J.-C.) a défini dans la *Poétique* les émotions que doit susciter une tragédie.

Et, lorsqu'elle est forcée de la découvrir, elle en parle avec une confusion, qui fait bien voir que son crime est plutôt une punition des dieux, qu'un mouvement de sa volonté.

J'ai même pris soin de la rendre un peu moins odieuse qu'elle n'est dans les tragédies des Anciens [1], où elle se résout d'elle-même à accuser Hippolyte. J'ai cru que la calomnie avait quelque chose de trop bas et de trop noir pour la mettre dans la bouche d'une princesse, qui a d'ailleurs des sentiments si nobles et si vertueux. Cette bassesse m'a paru plus convenable à une nourrice, qui pouvait avoir des inclinations plus serviles [2], et qui néanmoins n'entreprend cette fausse accusation que pour sauver la vie et l'honneur de sa maîtresse. Phèdre n'y donne les mains [3] que parce qu'elle est dans une agitation d'esprit qui la met hors d'elle-même, et elle vient un moment après dans le dessein de justifier l'innocence, et de déclarer la vérité.

Hippolyte est accusé dans Euripide et dans Sénèque d'avoir en effet violé sa belle-mère. *Vim corpus tulit* [4]. Mais il n'est ici accusé que d'en avoir eu le dessein. J'ai voulu épargner à Thésée une confusion qui l'aurait pu rendre moins agréable aux spectateurs.

Pour ce qui est du personnage d'Hippolyte, j'avais

---

1. Racine fait référence à ses deux principales sources, *Hippolyte* d'Euripide et *Phèdre* de Sénèque.
2. Propres à une esclave, ce qu'était une nourrice dans l'Antiquité.
3. N'y participe.
4. « Mon corps a subi sa violence », citation du passage de la *Phèdre* de Sénèque où l'héroïne accuse Hippolyte de l'avoir violée.

remarqué dans les Anciens qu'on reprochait à Euripide de l'avoir représenté comme un philosophe exempt de toute imperfection. Ce qui faisait que la mort de ce jeune prince causait beaucoup plus d'indignation que de pitié. J'ai cru lui devoir donner quelque faiblesse qui le rendrait un peu coupable envers son père, sans pourtant lui rien ôter de cette grandeur d'âme avec laquelle il épargne l'honneur de Phèdre, et se laisse opprimer sans l'accuser. J'appelle faiblesse la passion qu'il ressent malgré lui pour Aricie, qui est la fille et la sœur des ennemis mortels de son père.

Cette Aricie n'est point un personnage de mon invention. Virgile[1] dit qu'Hippolyte l'épousa et en eut un fils après qu'Esculape[2] l'eut ressuscité. Et j'ai lu encore dans quelques auteurs qu'Hippolyte avait épousé et emmené en Italie une jeune Athénienne de grande naissance, qui s'appelait Aricie, et qui avait donné son nom à une petite ville d'Italie[3].

Je rapporte ces autorités, parce que je me suis très scrupuleusement attaché à suivre la fable. J'ai même suivi l'histoire de Thésée telle qu'elle est dans Plutarque[4].

C'est dans cet historien que j'ai trouvé que ce qui avait donné occasion de croire que Thésée fût des-

---

1. Poète latin (70-19 av. J.-C.), cf. *Énéide*, VII, v. 761-762.
2. Dieu de la médecine.
3. Version donnée par Philostrate (175-249 ap. J.-C.) dans ses *Tableaux*, ouvrage dont la traduction en français à la fin du XVIIᵉ siècle eut un grand succès.
4. Historien grec (50-125 ap. J.-C.), Plutarque, dont les *Vies parallèles* sont des ouvrages de référence, a consacré un volume à la vie de Thésée.

cendu dans les enfers pour enlever Proserpine, était un voyage que ce prince avait fait en Épire vers la source de l'Achéron, chez un roi dont Pirithoüs voulait enlever la femme, et qui arrêta Thésée prisonnier après avoir fait mourir Pirithoüs. Ainsi j'ai tâché de conserver la vraisemblance de l'histoire, sans rien perdre des ornements de la fable qui fournit extrêmement à la poésie. Et le bruit de la mort de Thésée, fondé sur ce voyage fabuleux, donne lieu à Phèdre de faire une déclaration d'amour, qui devient une des principales causes de son malheur, et qu'elle n'aurait jamais osé faire tant qu'elle aurait cru que son mari était vivant.

Au reste, je n'ose encore assurer que cette pièce soit en effet la meilleure de mes tragédies. Je laisse et aux lecteurs et au temps à décider de son véritable prix. Ce que je puis assurer, c'est que je n'en ai point fait où la vertu soit plus mise en jour [1] que dans celle-ci. Les moindres fautes y sont sévèrement punies. La seule pensée du crime y est regardée avec autant d'horreur que le crime même. Les faiblesses de l'amour y passent pour de vraies faiblesses. Les passions n'y sont présentées aux yeux que pour montrer tout le désordre dont elles sont cause : et le vice y est peint partout avec des couleurs qui en font connaître et haïr la difformité [2]. C'est là proprement le but que tout homme qui travaille pour le public doit se proposer. Et c'est ce que les premiers poètes tragiques avaient en vue sur toute chose. Leur théâtre

---

1. Mise en valeur.
2. L'horreur, la monstruosité.

était une école où la vertu n'était pas moins bien enseignée que dans les écoles des philosophes. Aussi Aristote a bien voulu donner des règles du poème dramatique ; et Socrate, le plus sage des philosophes [1], ne dédaignait pas de mettre la main aux tragédies d'Euripide. Il serait à souhaiter que nos ouvrages fussent aussi solides et aussi pleins d'utiles instructions que ceux de ces poètes. Ce serait peut-être un moyen de réconcilier la tragédie avec quantité de personnes célèbres par leur piété et par leur doctrine [2], qui l'ont condamnée dans ces derniers temps [3], et qui en jugeraient sans doute plus favorablement, si les auteurs songeaient autant à instruire leurs spectateurs qu'à les divertir, et s'ils suivaient en cela la véritable intention de la tragédie.

---

1. Socrate, philosophe grec (470-399 av. J.-C.), est ainsi présenté dans *Les Vies* (II, 5) de Diogène Laërce.
2. Savoir.
3. Racine fait allusion aux attaques de l'Église et de ses anciens maîtres, les jansénistes, contre le théâtre.

ACTEURS

THÉSÉE, fils d'Égée, roi d'Athènes.

PHÈDRE, femme de Thésée, fille de Minos et de
  Pasiphaé.

HIPPOLYTE, fils de Thésée, et d'Antiope reine des
  Amazones.

ARICIE, princesse du sang royal d'Athènes.

ŒNONE, nourrice et confidente de Phèdre.

THÉRAMÈNE, gouverneur d'Hippolyte.

ISMÈNE, confidente d'Aricie.

PANOPE, femme de la suite de Phèdre.

Gardes.

La scène est à Trézène, ville du Péloponnèse.

Acte I

Scène I

HIPPOLYTE, THÉRAMÈNE

HIPPOLYTE

Le dessein[1] en est pris, je pars, cher Théramène,
Et quitte le séjour de l'aimable Trézène[2].
Dans le doute mortel dont je suis agité,
Je commence à rougir de mon oisiveté.
5 Depuis plus de six mois éloigné de mon père,
J'ignore le destin d'une tête si chère.
J'ignore jusqu'aux lieux qui le peuvent cacher.

THÉRAMÈNE

Et dans quels lieux, Seigneur, l'allez-vous donc cher-
      cher ?
Déjà pour satisfaire à votre juste crainte,

---

1. La décision.
2. Port du Péloponnèse, patrie de Thésée.

10   J'ai couru les deux mers que sépare Corinthe[1].
     J'ai demandé Thésée aux peuples de ces bords
     Où l'on voit l'Achéron[2] se perdre chez les morts.
     J'ai visité l'Élide, et laissant le Ténare[3],
     Passé jusqu'à la mer, qui vit tomber Icare[4].
15   Sur quel espoir nouveau, dans quels heureux climats
     Croyez-vous découvrir la trace de ses pas ?
     Qui sait même, qui sait si le roi votre père
     Veut que de son absence on sache le mystère ?
     Et si lorsque avec vous nous tremblons pour ses jours,
20   Tranquille, et nous cachant de nouvelles amours,
     Ce héros n'attend point qu'une amante abusée...

HIPPOLYTE

Cher Théramène, arrête, et respecte Thésée.
De ses jeunes erreurs désormais revenu,
Par un indigne obstacle il n'est point retenu ;
25   Et fixant de ses vœux l'inconstance fatale,
Phèdre depuis longtemps ne craint plus de rivale.
Enfin en le cherchant je suivrai mon devoir,
Et je fuirai ces lieux que je n'ose plus voir.

THÉRAMÈNE

Hé depuis quand, Seigneur, craignez-vous la présence
30   De ces paisibles lieux, si chers à votre enfance,

---

1. L'isthme de Corinthe sépare la mer Égée et la mer Ionienne.
2. Fleuve de l'Épire, au nord-ouest de la Grèce, l'Achéron menait aux Enfers, selon la mythologie.
3. L'Élide et le Ténare sont respectivement une région et un cap du Péloponnèse.
4. La mer icarienne doit son nom à Icare, qui, volant trop près du soleil, fit fondre la cire qui tenait ses ailes et tomba dans cette mer.

Et dont je vous ai vu préférer le séjour
Au tumulte pompeux d'Athène[1] et de la cour?
Quel péril, ou plutôt quel chagrin vous en chasse?

HIPPOLYTE

Cet heureux temps n'est plus. Tout a changé de face
35 Depuis que sur ces bords les dieux ont envoyé
La fille de Minos et de Pasiphaé[2].

THÉRAMÈNE

J'entends. De vos douleurs la cause m'est connue,
Phèdre ici vous chagrine, et blesse votre vue.
Dangereuse marâtre, à peine elle vous vit,
40 Que votre exil d'abord signala son crédit[3].
Mais sa haine sur vous autrefois attachée,
Ou s'est évanouie, ou s'est bien relâchée.
Et d'ailleurs, quels périls vous peut faire courir
Une femme mourante, et qui cherche à mourir?
45 Phèdre atteinte d'un mal qu'elle s'obstine à taire,
Lasse enfin d'elle-même, et du jour qui l'éclaire,
Peut-elle contre vous former quelques desseins?

HIPPOLYTE

Sa vaine inimitié n'est pas ce que je crains.
Hippolyte en partant fuit une autre ennemie.
50 Je fuis, je l'avouerai, cette jeune Aricie,
Reste d'un sang fatal conjuré contre nous.

---

1. Cette orthographe poétique permet l'élision du -e final pour
former les douze syllabes de l'alexandrin.
2. Il s'agit de Phèdre.
3. Son influence.

THÉRAMÈNE

Quoi! vous-même, Seigneur, la persécutez-vous?
Jamais l'aimable sœur des cruels Pallantides[1],
Trempa-t-elle aux complots de ses frères perfides?
55 Et devez-vous haïr ses innocents appas[2]?

HIPPOLYTE

Si je la haïssais, je ne la fuirais pas.

THÉRAMÈNE

Seigneur, m'est-il permis d'expliquer votre fuite?
Pourriez-vous n'être plus ce superbe Hippolyte,
Implacable ennemi des amoureuses lois[3],
60 Et d'un joug[4] que Thésée a subi tant de fois?
Vénus par votre orgueil si longtemps méprisée,
Voudrait-elle à la fin justifier Thésée?
Et vous mettant au rang du reste des mortels,
Vous a-t-elle forcé d'encenser ses autels[5]?
65 Aimeriez-vous, Seigneur?

HIPPOLYTE

Ami, qu'oses-tu dire?
Toi qui connais mon cœur depuis que je respire,
Des sentiments d'un cœur si fier, si dédaigneux,
Peux-tu me demander le désaveu honteux?

---

1. À la mort du père de Thésée, les frères d'Aricie, nommés
Pallantides car ce sont les descendants de Pallas, voulurent
prendre le trône d'Athènes. Thésée les massacra.
2. Charmes physiques.
3. Lois de l'amour.
4. Image du lien asservissant qu'est l'amour.
5. Lui vouer un culte.

C'est peu qu'avec son lait une mère amazone[1]
70 M'ait fait sucer encor cet orgueil qui t'étonne.
Dans un âge plus mûr moi-même parvenu,
Je me suis applaudi, quand je me suis connu.
Attaché près de moi par un zèle sincère,
Tu me contais alors l'histoire de mon père.
75 Tu sais combien mon âme attentive à ta voix,
S'échauffait aux récits de ses nobles exploits ;
Quand tu me dépeignais ce héros intrépide
Consolant les mortels de l'absence d'Alcide[2],
Les monstres étouffés, et les brigands punis,
80 Procruste, Cercyon, et Scirron, et Sinnis,
Et les os dispersés du géant d'Épidaure,
Et la Crète fumant du sang du Minotaure[3].
Mais quand tu récitais des faits moins glorieux,
Sa foi[4] partout offerte, et reçue en cent lieux,
85 Hélène à ses parents dans Sparte dérobée,
Salamine témoin des pleurs de Péribée,
Tant d'autres, dont les noms lui sont même échap-
        pés,
Trop crédules esprits que sa flamme a trompés ;
Ariane aux rochers contant ses injustices[5],
90 Phèdre enlevée enfin sous de meilleurs auspices[6] ;

------

1. La mère d'Hippolyte est l'Amazone Antiope.
2. Petit-fils d'Alcée, c'est-à-dire Hercule, héros de la mythologie grecque célèbre pour sa force légendaire.
3. Allusions aux exploits de Thésée qui a tué ces brigands ainsi
que le Minotaure, monstre mi-homme mi-taureau, et demi-frère
d'Ariane et de Phèdre.
4. Promesse de fidélité.
5. Hélène, Ariane, Péribée…, jeunes filles que Thésée séduisit
ou enleva pour les abandonner peu après.
6. De meilleur présage, car Phèdre allait épouser Thésée.

Tu sais comme à regret écoutant ce discours,
Je te pressais souvent d'en abréger le cours.
Heureux ! si j'avais pu ravir à la mémoire
Cette indigne moitié d'une si belle histoire.
95 Et moi-même à mon tour je me verrais lié ?
Et les dieux jusque-là m'auraient humilié ?
Dans mes lâches soupirs d'autant plus méprisable,
Qu'un long amas d'honneurs rend Thésée excu-
    sable,
Qu'aucuns monstres par moi domptés jusqu'aujour-
    d'hui.
100 Ne m'ont acquis le droit de faillir comme lui.
Quand même ma fierté pourrait s'être adoucie,
Aurais-je pour vainqueur dû choisir Aricie ?
Ne souviendrait-il plus à mes sens égarés
De l'obstacle éternel qui nous a séparés ?
105 Mon père la réprouve, et par des lois sévères
Il défend de donner des neveux à ses frères ;
D'une tige coupable il craint un rejeton.
Il veut avec leur sœur ensevelir leur nom,
Et que jusqu'au tombeau soumise à sa tutelle,
110 Jamais les feux d'hymen¹ ne s'allument pour elle.
Dois-je épouser ses droits contre un père irrité ?
Donnerai-je l'exemple à la témérité ?
Et dans un fol amour ma jeunesse embarquée...

THÉRAMÈNE

Ah, Seigneur ! si votre heure est une fois marquée,
115 Le ciel de nos raisons ne sait point s'informer.

---

1. Mariage.

Thésée ouvre vos yeux en voulant les fermer,
Et sa haine irritant une flamme rebelle[1],
Prête à son ennemie une grâce nouvelle.
Enfin d'un chaste amour pourquoi vous effrayer?
120 S'il a quelque douceur, n'osez-vous l'essayer?
En croirez-vous toujours un farouche scrupule?
Craint-on de s'égarer sur les traces d'Hercule[2]?
Quels courages Vénus n'a-t-elle pas domptés!
Vous-même où seriez-vous, vous qui la combattez,
125 Si toujours Antiope à ses lois opposée,
D'une pudique ardeur n'eût brûlé pour Thésée?
Mais que sert d'affecter un superbe discours?
Avouez-le, tout change. Et depuis quelques jours
On vous voit moins souvent, orgueilleux, et sau-
vage,
130 Tantôt faire voler un char sur le rivage,
Tantôt savant dans l'art par Neptune[3] inventé,
Rendre docile au frein un coursier indompté.
Les forêts de nos cris moins souvent retentissent.
Chargés d'un feu secret vos yeux s'appesantissent.
135 Il n'en faut point douter, vous aimez, vous brûlez.
Vous périssez d'un mal que vous dissimulez.
La charmante Aricie a-t-elle su vous plaire?

HIPPOLYTE

Théramène, je pars, et vais chercher mon père.

---

1. Un amour qui s'oppose à la volonté de Thésée.
2. Hercule est connu pour ses travaux mais aussi pour ses
conquêtes amoureuses.
3. Neptune est le dieu protecteur des chevaux et des champs
de course.

THÉRAMÈNE

Ne verrez-vous point Phèdre avant que de partir,
140 Seigneur ?

HIPPOLYTE

C'est mon dessein, tu peux l'en avertir.
Voyons-la, puisque ainsi mon devoir me l'ordonne.
Mais quel nouveau malheur trouble sa chère Œnone ?

Scène 2

HIPPOLYTE, ŒNONE

ŒNONE

Hélas, Seigneur ! quel trouble au mien peut être égal ?
La reine touche presque à son terme fatal [1].
145 En vain à l'observer jour et nuit je m'attache.
Elle meurt dans mes bras d'un mal qu'elle me cache.
Un désordre éternel règne dans son esprit.
Son chagrin inquiet l'arrache de son lit.
Elle veut voir le jour ; et sa douleur profonde
150 M'ordonne toutefois d'écarter tout le monde...
Elle vient.

HIPPOLYTE

Il suffit, je la laisse en ces lieux,
Et ne lui montre point un visage odieux [2].

_____

1. Le terme voulu par le destin, c'est-à-dire la mort.
2. Un visage qu'elle déteste.

Scène 3

PHÈDRE, ŒNONE

PHÈDRE

N'allons point plus avant. Demeurons, chère Œnone.
Je ne me soutiens plus, ma force m'abandonne.
155 Mes yeux sont éblouis du jour que je revois,
Et mes genoux tremblants se dérobent sous moi.
Hélas !

Elle s'assied.

ŒNONE

Dieux tout-puissants ! que nos pleurs vous
apaisent.

PHÈDRE

Que ces vains ornements, que ces voiles me pèsent !
Quelle importune main, en formant tous ces nœuds,
160 A pris soin sur mon front d'assembler mes cheveux ?
Tout m'afflige et me nuit, et conspire à me nuire.

ŒNONE

Comme on voit tous ses vœux l'un l'autre se
détruire !
Vous-même condamnant vos injustes desseins,
Tantôt [1] à vous parer vous excitiez nos mains.

---

1. Tout à l'heure.

165 Vous-même rappelant votre force première,
    Vous vouliez vous montrer et revoir la lumière ;
    Vous la voyez, Madame, et prête à vous cacher,
    Vous haïssez le jour que vous veniez chercher ?

PHÈDRE

    Noble et brillant auteur d'une triste famille,
170 Toi, dont ma mère osait se vanter d'être fille [1],
    Qui peut-être rougis du trouble où tu me vois,
    Soleil, je te viens voir pour la dernière fois.

ŒNONE

    Quoi ! vous ne perdrez point cette cruelle envie ?
    Vous verrai-je toujours, renonçant à la vie,
175 Faire de votre mort les funestes apprêts ?

PHÈDRE

    Dieux ! Que ne suis-je assise à l'ombre des forêts !
    Quand pourrai-je au travers d'une noble poussière [2]
    Suivre de l'œil un char fuyant dans la carrière ?

ŒNONE

    Quoi, Madame !

PHÈDRE

                    Insensée, où suis-je ? et qu'ai-je dit ?
180 Où laissé-je égarer mes vœux, et mon esprit ?
    Je l'ai perdu. Les dieux m'en ont ravi l'usage.

---

1. La mère de Phèdre, Pasiphaé, était fille du Soleil.
2. La poussière soulevée par la course de chars que pratique
Hippolyte et qui est réservée à l'aristocratie.

Œnone, la rougeur me couvre le visage,
Je te laisse trop voir mes honteuses douleurs,
Et mes yeux malgré moi se remplissent de pleurs.

ŒNONE

185 Ah! s'il vous faut rougir, rougissez d'un silence,
Qui de vos maux encore aigrit la violence.
Rebelle à tous nos soins, sourde à tous nos discours,
Voulez-vous sans pitié laisser finir vos jours?
Quelle fureur [1] les borne au milieu de leur course?
190 Quel charme ou quel poison en a tari la source?
Les ombres par trois fois ont obscurci les cieux,
Depuis que le sommeil n'est entré dans vos yeux;
Et le jour a trois fois chassé la nuit obscure,
Depuis que votre corps languit sans nourriture.
195 À quel affreux dessein vous laissez-vous tenter?
De quel droit sur vous-même osez-vous attenter?
Vous offensez les dieux auteurs de votre vie.
Vous trahissez l'époux à qui la foi vous lie,
Vous trahissez enfin vos enfants malheureux,
200 Que vous précipitez sous un joug [2] rigoureux.
Songez qu'un même jour leur ravira leur mère,
Et rendra l'espérance au fils de l'étrangère,
À ce fier ennemi de vous, de votre sang,
Ce fils qu'une Amazone a porté dans son flanc,
205 Cet Hippolyte... [3]

---

1. Quelle folie furieuse.
2. Métaphore de l'esclavage, politique, ici.
3. Les enfants de Phèdre et de Thésée descendent des dieux et des grands héros grecs, contrairement à Hippolyte dont la mère, Amazone vivant en Scythie, est étrangère et considérée comme barbare.

PHÈDRE

Ah dieux !

ŒNONE

Ce reproche vous touche.

PHÈDRE

Malheureuse, quel nom est sorti de ta bouche ?

ŒNONE

Hé bien, votre colère éclate avec raison.
J'aime à vous voir frémir à ce funeste nom.
Vivez donc. Que l'amour, le devoir vous excite [1].
210 Vivez, ne souffrez pas que le fils d'une Scythe,
Accablant vos enfants d'un empire odieux,
Commande au plus beau sang de la Grèce, et des dieux.
Mais ne différez point, chaque moment vous tue.
Réparez promptement votre force abattue,
215 Tandis que de vos jours prêts à se consumer
Le flambeau dure encore, et peut se rallumer.

PHÈDRE

J'en ai trop prolongé la coupable durée.

ŒNONE

Quoi ! de quelques remords êtes-vous déchirée ?
Quel crime a pu produire un trouble si pressant ?
220 Vos mains n'ont point trempé dans le sang innocent ?

---

1. Réveille (deux sujets, mais accord de proximité au singulier).

PHÈDRE

Grâces au ciel, mes mains ne sont point criminelles.
Plût aux dieux que mon cœur fût innocent comme
    elles !

ŒNONE

Et quel affreux projet avez-vous enfanté,
Dont votre cœur encor[1] doive être épouvanté ?

PHÈDRE

225 Je t'en ai dit assez. Épargne-moi le reste.
Je meurs, pour ne point faire un aveu si funeste.

ŒNONE

Mourez donc, et gardez un silence inhumain.
Mais pour fermer vos yeux cherchez une autre main.
Quoiqu'il vous reste à peine une faible lumière,
230 Mon âme chez les morts descendra la première.
Mille chemins ouverts y conduisent toujours,
Et ma juste douleur choisira les plus courts.
Cruelle, quand ma foi[2] vous a-t-elle déçue ?
Songez-vous qu'en naissant mes bras vous ont reçue ?
235 Mon pays, mes enfants, pour vous j'ai tout quitté.
Réserviez-vous ce prix à ma fidélité ?

PHÈDRE

Quel fruit espères-tu de tant de violence ?
Tu frémiras d'horreur si je romps le silence.

---

1. L'élision du *e* final est permise par la souplesse orthographique de l'époque.
2. Ma fidélité.

ŒNONE

Et que me direz-vous, qui ne cède, grands dieux !
240 À l'horreur de vous voir expirer à mes yeux ?

PHÈDRE

Quand tu sauras mon crime, et le sort qui m'accable,
Je n'en mourrai pas moins, j'en mourrai plus coupable.

ŒNONE

Madame, au nom des pleurs que pour vous j'ai ver-
sés,
Par vos faibles genoux que je tiens embrassés,
245 Délivrez mon esprit de ce funeste doute.

PHÈDRE

Tu le veux. Lève-toi.

ŒNONE

Parlez. Je vous écoute.

PHÈDRE

Ciel ! que lui vais-je dire ? Et par où commencer ?

ŒNONE

Par de vaines frayeurs cessez de m'offenser.

PHÈDRE

Ô haine de Vénus ! Ô fatale colère !
250 Dans quels égarements l'amour jeta ma mère¹ !

---

1. Allusion à l'amour monstrueux de Pasiphaé pour un taureau, duquel naquit le Minotaure.

ŒNONE

Oublions-les, Madame. Et qu'à tout l'avenir
Un silence éternel cache ce souvenir.

PHÈDRE

Ariane, ma sœur ! De quel amour blessée,
Vous mourûtes aux bords où vous fûtes laissée[1] ?

ŒNONE

255 Que faites-vous, Madame ? Et quel mortel ennui[2],
Contre tout votre sang vous anime aujourd'hui ?

PHÈDRE

Puisque Vénus le veut, de ce sang déplorable
Je péris la dernière, et la plus misérable.

ŒNONE

Aimez-vous ?

PHÈDRE

De l'amour j'ai toutes les fureurs.

ŒNONE

260 Pour qui ?

PHÈDRE

Tu vas ouïr le comble des horreurs.
J'aime... à ce nom fatal je tremble, je frissonne.
J'aime...

---

1. Allusion à la douleur amoureuse et à la mort d'Ariane après
son abandon par Thésée sur les rivages de Naxos.
2. Haine.

ŒNONE

Qui ?

PHÈDRE

Tu connais ce fils de l'Amazone,
Ce prince si longtemps par moi-même opprimé.

ŒNONE

Hippolyte ! Grands dieux !

PHÈDRE

C'est toi qui l'as nommé.

ŒNONE

265 Juste ciel ! tout mon sang dans mes veines se glace.
Ô désespoir ! Ô crime ! Ô déplorable race !
Voyage infortuné ! Rivage malheureux !
Fallait-il approcher de tes bords dangereux ?

PHÈDRE

Mon mal vient de plus loin. À peine au fils d'Égée[1],
270 Sous les lois de l'hymen je m'étais engagée,
Mon repos, mon bonheur semblait être affermi,
Athènes me montra mon superbe ennemi[2].
Je le vis, je rougis, je pâlis à sa vue.
Un trouble s'éleva dans mon âme éperdue.
275 Mes yeux ne voyaient plus, je ne pouvais parler,
Je sentis tout mon corps et transir, et brûler.

---

1. Thésée est le fils d'Égée.
2. Hippolyte, fier (au sens de farouche, *superbus*, en latin) et ennemi, car suscitant un amour interdit.

Je reconnus Vénus, et ses feux redoutables,
D'un sang qu'elle poursuit tourments inévitables.
Par des vœux assidus je crus les détourner,
280 Je lui bâtis un temple, et pris soin de l'orner.
De victimes moi-même à toute heure entourée,
Je cherchais dans leurs flancs ma raison égarée[1]
D'un incurable amour remèdes impuissants !
En vain sur les autels ma main brûlait l'encens[2],
285 Quand ma bouche implorait le nom de la déesse,
J'adorais Hippolyte, et le voyant sans cesse,
Même au pied des autels que je faisais fumer,
J'offrais tout à ce dieu, que je n'osais nommer.
Je l'évitais partout. Ô comble de misère !
290 Mes yeux le retrouvaient dans les traits de son père.
Contre moi-même enfin j'osai me révolter.
J'excitai mon courage à le persécuter.
Pour bannir l'ennemi dont j'étais idolâtre,
J'affectai les chagrins d'une injuste marâtre[3],
295 Je pressai son exil, et mes cris éternels
L'arrachèrent du sein, et des bras paternels.
Je respirais, Œnone ; et depuis son absence
Mes jours moins agités coulaient dans l'innocence.
Soumise à mon époux, et cachant mes ennuis,
300 De son fatal hymen je cultivais les fruits[4].
Vaines précautions ! Cruelle destinée !
Par mon époux lui-même à Trézène amenée

---

1. Les Anciens lisaient l'avenir dans les entrailles d'animaux
qu'ils sacrifiaient aux dieux.
2. Les Anciens faisaient brûler de l'encens pour honorer les
dieux.
3. La haine d'une belle-mère.
4. Les enfants qu'elle a eus de son mariage avec Thésée.

J'ai revu l'ennemi que j'avais éloigné.
Ma blessure trop vive aussitôt a saigné.
305 Ce n'est plus une ardeur dans mes veines cachée ;
C'est Vénus toute entière à sa proie attachée.
J'ai conçu pour mon crime une juste terreur.
J'ai pris la vie en haine, et ma flamme en horreur.
Je voulais en mourant prendre soin de ma gloire,
310 Et dérober au jour une flamme si noire.
Je n'ai pu soutenir tes larmes, tes combats.
Je t'ai tout avoué, je ne m'en repens pas,
Pourvu que de ma mort respectant les approches
Tu ne m'affliges plus par d'injustes reproches,
315 Et que tes vains secours cessent de rappeler
Un reste de chaleur, tout prêt à s'exhaler.

Scène 4

PHÈDRE, ŒNONE, PANOPE

PANOPE

Je voudrais vous cacher une triste nouvelle,
Madame. Mais il faut que je vous la révèle.
La mort vous a ravi votre invincible époux,
320 Et ce malheur n'est plus ignoré que de vous.

ŒNONE

Panope, que dis-tu ?

PANOPE

Que la reine abusée
En vain demande au ciel le retour de Thésée,

Et que par des vaisseaux arrivés dans le port
Hippolyte son fils vient d'apprendre sa mort.

PHÈDRE

325 Ciel !

PANOPE

Pour le choix d'un maître Athènes se partage.
Au prince votre fils l'un donne son suffrage,
Madame, et de l'État l'autre oubliant les lois
Au fils de l'étrangère ose donner sa voix.
On dit même qu'au trône une brigue insolente
330 Veut placer Aricie, et le sang de Pallante.
J'ai cru de ce péril vous devoir avertir.
Déjà même Hippolyte est tout prêt à partir,
Et l'on craint, s'il paraît dans ce nouvel orage,
Qu'il n'entraîne après lui tout un peuple volage.

ŒNONE

335 Panope, c'est assez. La reine qui t'entend,
Ne négligera point cet avis important.

Scène 5

PHÈDRE, ŒNONE

ŒNONE

Madame, je cessais de vous presser de vivre.
Déjà même au tombeau je songeais à vous suivre.
Pour vous en détourner je n'avais plus de voix.
340 Mais ce nouveau malheur vous prescrit d'autres lois.
Votre fortune change et prend une autre face.

Le roi n'est plus, Madame, il faut prendre sa place.
Sa mort vous laisse un fils à qui vous vous devez,
Esclave, s'il vous perd, et roi, si vous vivez.
345 Sur qui dans son malheur voulez-vous qu'il s'appuie ?
Ses larmes n'auront plus de main qui les essuie.
Et ses cris innocents portés jusques aux dieux,
Iront contre sa mère irriter ses aïeux.
Vivez, vous n'avez plus de reproche à vous faire.
350 Votre flamme devient une flamme ordinaire.
Thésée en expirant vient de rompre les nœuds,
Qui faisaient tout le crime et l'horreur de vos feux.
Hippolyte pour vous devient moins redoutable,
Et vous pouvez le voir sans vous rendre coupable.
355 Peut-être convaincu de votre aversion
Il va donner un chef à la sédition.
Détrompez son erreur, fléchissez son courage.
Roi de ces bords heureux, Trézène est son partage.
Mais il sait que les lois donnent à votre fils
360 Les superbes remparts que Minerve a bâtis[1].
Vous avez l'un et l'autre une juste ennemie[2].
Unissez-vous tous deux pour combattre Aricie.

PHÈDRE

Hé bien ! À tes conseils je me laisse entraîner,
Vivons, si vers la vie on peut me ramener,
365 Et si l'amour d'un fils en ce moment funeste
De mes faibles esprits peut ranimer le reste.

Fin du premier acte.

_____

1. Minerve, c'est-à-dire Athéna, était la protectrice d'Athènes.
2. Une ennemie toute désignée.

Acte II

Scène I

ARICIE, ISMÈNE

ARICIE

Hippolyte demande à me voir en ce lieu ?
Hippolyte me cherche, et veut me dire adieu ?
Ismène, dis-tu vrai ? N'es-tu point abusée ?

ISMÈNE

370 C'est le premier effet de la mort de Thésée.
Préparez-vous, Madame, à voir de tous côtés
Voler vers vous les cœurs par Thésée écartés.
Aricie à la fin de son sort est maîtresse,
Et bientôt à ses pieds verra toute la Grèce.

ARICIE

375 Ce n'est donc point, Ismène, un bruit mal affermi ?
Je cesse d'être esclave, et n'ai plus d'ennemi ?

ISMÈNE

Non, Madame, les dieux ne vous sont plus contraires,
Et Thésée a rejoint les mânes [1] de vos frères.

ARICIE

Dit-on quelle aventure a terminé ses jours ?

ISMÈNE

380 On sème de sa mort d'incroyables discours.
On dit que ravisseur d'une amante nouvelle
Les flots ont englouti cet époux infidèle.
On dit même, et ce bruit est partout répandu,
Qu'avec Pirithoüs aux enfers descendu [2]
385 Il a vu le Cocyte [3] et les rivages sombres,
Et s'est montré vivant aux infernales ombres ;
Mais qu'il n'a pu sortir de ce triste séjour,
Et repasser les bords, qu'on passe sans retour.

ARICIE

Croirai-je qu'un mortel avant sa dernière heure
390 Peut pénétrer des morts la profonde demeure ?
Quel charme l'attirait sur ces bords redoutés ?

ISMÈNE

Thésée est mort, Madame, et vous seule en doutez.
Athènes en gémit, Trézène en est instruite,
Et déjà pour son roi reconnaît Hippolyte.

---

1. Les divinités infernales représentent les âmes des morts.
2. On raconte que Thésée était descendu aux Enfers pour y
chercher Perséphone, que Pirithoüs voulait épouser.
3. Fleuve des Enfers.

395 Phèdre dans ce palais tremblante pour son fils,
De ses amis troublés demande les avis.

ARICIE

Et tu crois que pour moi plus humain que son père
Hippolyte rendra ma chaîne[1] plus légère?
Qu'il plaindra mes malheurs?

ISMÈNE

                              Madame, je le crois.

ARICIE

400 L'insensible Hippolyte est-il connu de toi?
Sur quel frivole espoir penses-tu qu'il me plaigne,
Et respecte en moi seule un sexe qu'il dédaigne[2]?
Tu vois depuis quel temps il évite nos pas,
Et cherche tous les lieux où nous ne sommes pas.

ISMÈNE

405 Je sais de ses froideurs tout ce que l'on récite.
Mais j'ai vu près de vous ce superbe Hippolyte.
Et même, en le voyant, le bruit de sa fierté
A redoublé pour lui ma curiosité.
Sa présence à ce bruit n'a point paru répondre.
410 Dès vos premiers regards je l'ai vu se confondre[3].
Ses yeux, qui vainement voulaient vous éviter,
Déjà pleins de langueur ne pouvaient vous quitter.

---

1. Mon esclavage, mon emprisonnement.
2. Les femmes. Selon la mythologie, Hippolyte est hostile à
l'amour, ne se consacrant qu'à la chasse.
3. Se troubler.

Le nom d'amant peut-être offense son courage.
Mais il en a les yeux, s'il n'en a le langage.

ARICIE

415 Que mon cœur, chère Ismène, écoute avidement
Un discours, qui peut-être a peu de fondement!
Ô toi! qui me connais, te semblait-il croyable
Que le triste jouet d'un sort impitoyable,
Un cœur toujours nourri d'amertume et de pleurs,
420 Dût connaître l'amour, et ses folles douleurs?
Reste du sang d'un roi, noble fils de la terre[1],
Je suis seule échappée aux fureurs de la guerre,
J'ai perdu dans la fleur de leur jeune saison
Six frères, quel espoir d'une illustre maison!
425 Le fer moissonna tout, et la terre humectée
But à regret le sang des neveux[2] d'Érechthée.
Tu sais depuis leur mort quelle sévère loi
Défend à tous les Grecs de soupirer pour moi.
On craint que de la sœur les flammes téméraires[3]
430 Ne raniment un jour la cendre de ses frères.
Mais tu sais bien aussi de quel œil dédaigneux
Je regardais ce soin d'un vainqueur soupçonneux.
Tu sais que de tout temps à l'amour opposée,
Je rendais souvent grâce à l'injuste Thésée
435 Dont l'heureuse rigueur secondait mes mépris.
Mes yeux alors, mes yeux n'avaient pas vu son fils.
Non que par les yeux seuls lâchement enchantée

---

1. Érechthée, ancêtre d'Aricie, était fils de Vulcain et de la terre.
2. Descendant (sens de *nepos* en latin).
3. Le mariage d'Aricie pourrait représenter une menace pour Thésée et ses héritiers.

J'aime en lui sa beauté, sa grâce tant vantée,
Présents dont la nature a voulu l'honorer,
440 Qu'il méprise lui-même, et qu'il semble ignorer.
J'aime, je prise en lui de plus nobles richesses,
Les vertus de son père, et non point les faiblesses.
J'aime, je l'avouerai, cet orgueil généreux
Qui jamais n'a fléchi sous le joug amoureux,
445 Phèdre en vain s'honorait des soupirs de Thésée.
Pour moi, je suis plus fière, et fuis la gloire aisée
D'arracher un hommage à mille autres offert,
Et d'entrer dans un cœur de toutes parts ouvert.
Mais de faire fléchir un courage inflexible,
450 De porter la douleur dans une âme insensible,
D'enchaîner un captif de ses fers [1] étonné,
Contre un joug qui lui plaît vainement mutiné ;
C'est là ce que je veux, c'est là ce qui m'irrite.
Hercule à désarmer coûtait moins qu'Hippolyte,
455 Et vaincu plus souvent, et plus tôt surmonté
Préparait moins de gloire aux yeux qui l'ont dompté.
Mais, chère Ismène, hélas ! quelle est mon imprudence !
On ne m'opposera que trop de résistance.
Tu m'entendras peut-être, humble dans mon ennui,
460 Gémir du même orgueil que j'admire aujourd'hui.
Hippolyte aimerait ? Par quel bonheur extrême
Aurais-je pu fléchir...

ISMÈNE

        Vous l'entendrez lui-même.
Il vient à vous.

---

1. L'amour enchaîne et rend captif malgré soi.

Scène 2

HIPPOLYTE, ARICIE, ISMÈNE

HIPPOLYTE

Madame, avant que de partir,
J'ai cru de votre sort vous devoir avertir.
465 Mon père ne vit plus. Ma juste défiance
Présageait les raisons de sa trop longue absence.
La mort seule bornant ses travaux éclatants
Pouvait à l'univers le cacher si longtemps.
Les dieux livrent enfin à la Parque homicide [1]
470 L'ami, le compagnon, le successeur d'Alcide [2].
Je crois que votre haine, épargnant ses vertus,
Écoute sans regret ces noms qui lui sont dus.
Un espoir adoucit ma tristesse mortelle.
Je puis vous affranchir d'une austère tutelle.
475 Je révoque des lois dont j'ai plaint la rigueur,
Vous pouvez disposer de vous, de votre cœur.
Et dans cette Trézène aujourd'hui mon partage,
De mon aïeul Pitthée autrefois l'héritage.
Qui m'a sans balancer reconnu pour son roi,
480 Je vous laisse aussi libre, et plus libre que moi.

ARICIE

Modérez des bontés, dont l'excès m'embarrasse.
D'un soin si généreux honorer ma disgrâce,

---

1. La troisième Parque est la divinité qui coupe le fil de la vie
et préside à la mort.
2. Hercule est le petit-fils d'Alcée.

Seigneur, c'est me ranger, plus que vous ne pensez,
Sous ces austères lois, dont vous me dispensez.

HIPPOLYTE

485 Du choix d'un successeur Athènes incertaine
Parle de vous, me nomme, et le fils de la reine.

ARICIE

De moi, Seigneur ?

HIPPOLYTE

　　　　　　　Je sais, sans vouloir me flatter,
Qu'une superbe[1] loi semble me rejeter.
La Grèce me reproche une mère étrangère.
490 Mais si pour concurrent je n'avais que mon frère,
Madame, j'ai sur lui de véritables droits
Que je saurais sauver du caprice des lois.
Un frein plus légitime arrête mon audace.
Je vous cède, ou plutôt je vous rends une place,
495 Un sceptre, que jadis vos aïeux ont reçu
De ce fameux mortel que la terre a conçu[2].
L'adoption le mit entre les mains d'Égée[3].
Athènes par mon père accrue, et protégée
Reconnut avec joie un roi si généreux,
500 Et laissa dans l'oubli vos frères malheureux.

---

1. Présomptueuse. Hippolyte dénonce une loi qui l'opprime.
2. Allusion à Érechthée, ancêtre des Pallantides.
3. Racine suit la tradition selon laquelle Égée n'est que le fils adoptif de Pandion, descendant d'Érechthée ; dès lors, Aricie, descendante de Pallas, peut avoir plus de droits à régner que les descendants d'Égée, c'est-à-dire après Thésée, Hippolyte ou les fils de Phèdre.

Athènes dans ses murs maintenant vous rappelle.
Assez elle a gémi d'une longue querelle,
Assez dans ses sillons votre sang englouti
A fait fumer le champ dont il était sorti.
505 Trézène m'obéit. Les campagnes de Crète
Offrent au fils de Phèdre une riche retraite.
L'Attique est votre bien. Je pars, et vais pour vous
Réunir tous les vœux partagés entre nous.

ARICIE

De tout ce que j'entends étonnée et confuse
510 Je crains presque, je crains qu'un songe ne m'abuse.
Veillé-je ? Puis-je croire un semblable dessein ?
Quel dieu, Seigneur, quel dieu l'a mis dans votre
     sein ?
Qu'à bon droit votre gloire en tous lieux est semée !
Et que la vérité passe la renommée !
515 Vous-même en ma faveur vous voulez vous trahir !
N'était-ce pas assez de ne me point haïr ?
Et d'avoir si longtemps pu défendre votre âme
De cette inimitié...

HIPPOLYTE

                    Moi, vous haïr, Madame ?
Avec quelques couleurs qu'on ait peint ma fierté,
520 Croit-on que dans ses flancs un monstre m'ait
     porté ?
Quelles sauvages mœurs, quelle haine endurcie
Pourrait, en vous voyant, n'être point adoucie ?
Ai-je pu résister au charme décevant[1]...

_____

1. Au charme trompeur.

ARICIE

Quoi, Seigneur?

HIPPOLYTE

Je me suis engagé trop avant.
525 Je vois que la raison cède à la violence[1].
Puisque j'ai commencé de rompre le silence,
Madame, il faut poursuivre. Il faut vous informer
D'un secret, que mon cœur ne peut plus renfermer.
Vous voyez devant vous un prince déplorable[2],
530 D'un téméraire orgueil exemple mémorable.
Moi, qui contre l'amour fièrement révolté,
Aux fers de ses captifs ai longtemps insulté,
Qui des faibles mortels déplorant les naufrages,
Pensais toujours du bord contempler les orages,
535 Asservi maintenant sous la commune loi,
Par quel trouble me vois-je emporté loin de moi!
Un moment a vaincu mon audace imprudente.
Cette âme si superbe est enfin dépendante.
Depuis près de six mois honteux, désespéré,
540 Portant partout le trait, dont je suis déchiré[3],
Contre vous, contre moi vainement je m'éprouve.
Présente je vous fuis, absente je vous trouve.
Dans le fond des forêts votre image me suit.
La lumière du jour, les ombres de la nuit,
545 Tout retrace à mes yeux les charmes que j'évite.
Tout vous livre à l'envi le rebelle Hippolyte.
Moi-même pour tout fruit de mes soins superflus,

---

1. À la violence de la passion amoureuse.
2. Digne de pitié.
3. La blessure d'amour provoquée par la flèche de Cupidon.

Maintenant je me cherche, et ne me trouve plus.
Mon arc, mes javelots, mon char, tout m'importune.
550 Je ne me souviens plus des leçons de Neptune.
Mes seuls gémissements font retentir les bois,
Et mes coursiers oisifs ont oublié ma voix.
Peut-être le récit d'un amour si sauvage
Vous fait en m'écoutant rougir de votre ouvrage.
555 D'un cœur qui s'offre à vous quel farouche entretien !
Quel étrange captif pour un si beau lien !
Mais l'offrande à vos yeux en doit être plus chère.
Songez que je vous parle une langue étrangère,
Et ne rejetez pas des vœux mal exprimés,
560 Qu'Hippolyte sans vous n'aurait jamais formés.

Scène 3

HIPPOLYTE, ARICIE, THÉRAMÈNE, ISMÈNE

THÉRAMÈNE

Seigneur, la reine vient, et je l'ai devancée.
Elle vous cherche.

HIPPOLYTE

Moi !

THÉRAMÈNE

J'ignore sa pensée,
Mais on vous est venu demander de sa part.
Phèdre veut vous parler avant votre départ.

HIPPOLYTE

565 Phèdre ? Que lui dirai-je ? Et que peut-elle attendre...

ARICIE

Seigneur, vous ne pouvez refuser de l'entendre.
Quoique trop convaincu de son inimitié,
Vous devez à ses pleurs quelque ombre de pitié.

HIPPOLYTE

Cependant vous sortez. Et je pars. Et j'ignore
570 Si je n'offense point les charmes que j'adore.
J'ignore si ce cœur que je laisse en vos mains...

ARICIE

Partez, Prince, et suivez vos généreux desseins.
Rendez de mon pouvoir Athènes tributaire [1].
J'accepte tous les dons que vous me voulez faire.
575 Mais cet empire enfin si grand, si glorieux,
N'est pas de vos présents le plus cher à mes yeux.

Scène 4

HIPPOLYTE, THÉRAMÈNE

HIPPOLYTE

Ami, tout est-il prêt ? Mais la reine s'avance.
Va, que pour le départ tout s'arme en diligence.

---

1. Soumise à mon pouvoir.

Fais donner le signal, cours, ordonne, et reviens
580 Me délivrer bientôt d'un fâcheux entretien.

Scène 5

PHÈDRE, HIPPOLYTE, ŒNONE

PHÈDRE, *à* Œnone

Le voici. Vers mon cœur tout mon sang se retire.
J'oublie, en le voyant, ce que je viens lui dire.

ŒNONE

Souvenez-vous d'un fils qui n'espère qu'en vous.

PHÈDRE

On dit qu'un prompt départ vous éloigne de nous,
585 Seigneur. À vos douleurs je viens joindre mes larmes.
Je vous viens pour un fils expliquer mes alarmes[1].
Mon fils n'a plus de père, et le jour n'est pas loin
Qui de ma mort encor doit le rendre témoin.
Déjà mille ennemis attaquent son enfance,
590 Vous seul pouvez contre eux embrasser sa défense.
Mais un secret remords agite mes esprits.
Je crains d'avoir fermé votre oreille à ses cris.
Je tremble que sur lui votre juste colère
Ne poursuive bientôt une odieuse mère.

---

1. Inquiétudes.

HIPPOLYTE

595 Madame, je n'ai point des sentiments si bas.

PHÈDRE

Quand vous me haïriez je ne m'en plaindrais pas,
Seigneur. Vous m'avez vue attachée à vous nuire ;
Dans le fond de mon cœur vous ne pouviez pas
  lire.
À votre inimitié j'ai pris soin de m'offrir.
600 Aux bords que j'habitais je n'ai pu vous souffrir.
En public, en secret contre vous déclarée,
J'ai voulu par des mers en être séparée[1].
J'ai même défendu par une expresse loi
Qu'on osât prononcer votre nom devant moi.
605 Si pourtant à l'offense on mesure la peine,
Si la haine peut seule attirer votre haine,
Jamais femme ne fut plus digne de pitié,
Et moins digne, Seigneur, de votre inimitié.

HIPPOLYTE

Des droits de ses enfants une mère jalouse
610 Pardonne rarement au fils d'une autre épouse.
Madame, je le sais. Les soupçons importuns
Sont d'un second hymen les fruits les plus com-
  muns.
Toute autre aurait pour moi pris les mêmes
  ombrages,
Et j'en aurais peut-être essuyé plus d'outrages.

---

1. Être séparée de vous (cet emploi du pronom *en* n'est plus
en usage).

PHÈDRE

615 Ah, Seigneur ! Que le ciel, j'ose ici l'attester,
De cette loi commune a voulu m'excepter !
Qu'un soin bien différent me trouble, et me dévore !

HIPPOLYTE

Madame, il n'est pas temps de vous troubler encore.
Peut-être votre époux voit encore le jour.
620 Le ciel peut à nos pleurs accorder son retour.
Neptune le protège, et ce dieu tutélaire[1]
Ne sera pas en vain imploré par mon père.

PHÈDRE

On ne voit point deux fois le rivage des morts,
Seigneur. Puisque Thésée a vu les sombres bords,
625 En vain vous espérez qu'un dieu vous le renvoie,
Et l'avare Achéron[2] ne lâche point sa proie.
Que dis-je ? Il n'est point mort, puisqu'il respire en
    vous.
Toujours devant mes yeux je crois voir mon époux.
Je le vois, je lui parle, et mon cœur... Je m'égare,
630 Seigneur, ma folle ardeur malgré moi se déclare.

HIPPOLYTE

Je vois de votre amour l'effet prodigieux.
Tout mort qu'il est, Thésée est présent à vos yeux.
Toujours de son amour votre âme est embrasée.

---

1. Dieu protecteur de Thésée.
2. L'Achéron est avare, ne voulant pas rendre les morts à la vie.

PHÈDRE

Oui, Prince, je languis, je brûle pour Thésée.
635 Je l'aime, non point tel que l'ont vu les enfers,
Volage adorateur de mille objets divers,
Qui va du dieu des morts déshonorer la couche;
Mais fidèle, mais fier, et même un peu farouche,
Charmant, jeune, traînant tous les cœurs après soi,
640 Tel qu'on dépeint nos dieux, ou tel que je vous vois.
Il avait votre port, vos yeux, votre langage.
Cette noble pudeur colorait son visage,
Lorsque de notre Crète il traversa les flots,
Digne sujet des vœux des filles de Minos[1].
645 Que faisiez-vous alors? Pourquoi sans Hippolyte
Des héros de la Grèce assembla-t-il l'élite?
Pourquoi trop jeune encor ne pûtes-vous alors
Entrer dans le vaisseau qui le mit sur nos bords?
Par vous aurait péri le monstre de la Crète
650 Malgré tous les détours de sa vaste retraite[2].
Pour en développer l'embarras incertain
Ma sœur du fil fatal eût armé votre main[3].
Mais non, dans ce dessein je l'aurais devancée.
L'amour m'en eût d'abord inspiré la pensée.
655 C'est moi, Prince, c'est moi, dont l'utile secours
Vous eût du Labyrinthe enseigné les détours.
Que de soins m'eût coûtés cette tête charmante!
Un fil n'eût point assez rassuré votre amante.

---

1. Ariane et Phèdre elle-même.
2. Le labyrinthe, demeure du Minotaure.
3. Allusion à l'épisode du mythe de Thésée où Ariane donne
au héros un fil pour l'aider à ressortir du labyrinthe après avoir
tué le Minotaure. Ce fil est doublement fatal car Ariane trompe sa
famille par amour pour Thésée, lequel va bientôt l'abandonner.

Compagne du péril qu'il vous fallait chercher,
660 Moi-même devant vous j'aurais voulu marcher,
Et Phèdre au labyrinthe avec vous descendue,
Se serait avec vous retrouvée, ou perdue.

HIPPOLYTE

Dieux! Qu'est-ce que j'entends? Madame, oubliez-
vous
Que Thésée est mon père, et qu'il est votre époux?

PHÈDRE

665 Et sur quoi jugez-vous que j'en perds la mémoire,
Prince? Aurais-je perdu tout le soin de ma gloire[1]?

HIPPOLYTE

Madame, pardonnez. J'avoue en rougissant,
Que j'accusais à tort un discours innocent.
Ma honte ne peut plus soutenir votre vue.
670 Et je vais...

PHÈDRE

                Ah! cruel, tu m'as trop entendue.
Je t'en ai dit assez pour te tirer d'erreur.
Hé bien, connais donc Phèdre et toute sa fureur.
J'aime. Ne pense pas qu'au moment que je t'aime,
Innocente à mes yeux je m'approuve moi-même,
675 Ni que du fol amour qui trouble ma raison
Ma lâche complaisance ait nourri le poison.
Objet infortuné des vengeances célestes,

---

1. Réputation.

Je m'abhorre encor plus que tu ne me détestes.
Les dieux m'en sont témoins, ces dieux qui dans mon
   flanc
680 Ont allumé le feu fatal à tout mon sang,
Ces dieux qui se sont fait une gloire cruelle
De séduire le cœur d'une faible mortelle.
Toi-même en ton esprit rappelle le passé.
C'est peu de t'avoir fui, cruel, je t'ai chassé.
685 J'ai voulu te paraître odieuse, inhumaine.
Pour mieux te résister, j'ai recherché ta haine.
De quoi m'ont profité mes inutiles soins ?
Tu me haïssais plus, je ne t'aimais pas moins.
Tes malheurs te prêtaient encor de nouveaux
   charmes.
690 J'ai langui, j'ai séché, dans les feux, dans les larmes.
Il suffit de tes yeux pour t'en persuader,
Si tes yeux un moment pouvaient me regarder.
Que dis-je ? Cet aveu que je te viens de faire,
Cet aveu si honteux, le crois-tu volontaire ?
695 Tremblante pour un fils que je n'osais trahir,
Je te venais prier de ne le point haïr.
Faibles projets d'un cœur trop plein de ce qu'il aime !
Hélas ! je ne t'ai pu parler que de toi-même.
Venge-toi, punis-moi d'un odieux amour.
700 Digne fils du héros qui t'a donné le jour,
Délivre l'univers d'un monstre qui t'irrite.
La veuve de Thésée ose aimer Hippolyte ?
Crois-moi, ce monstre affreux ne doit point t'échap-
   per.
Voilà mon cœur. C'est là que ta main doit frapper.
705 Impatient déjà d'expier son offense
Au-devant de ton bras je le sens qui s'avance.

Frappe. Ou si tu le crois indigne de tes coups,
Si ta haine m'envie[1] un supplice si doux,
Ou si d'un sang trop vil ta main serait trempée,
710 Au défaut de ton bras prête-moi ton épée.
Donne.

ŒNONE

      Que faites-vous, Madame? Justes dieux!
Mais on vient. Évitez des témoins odieux,
Venez, rentrez, fuyez une honte certaine.

Scène 6

HIPPOLYTE, THÉRAMÈNE

THÉRAMÈNE

Est-ce Phèdre qui fuit, ou plutôt qu'on entraîne?
715 Pourquoi, Seigneur, pourquoi ces marques de dou-
    leur?
Je vous vois sans épée, interdit, sans couleur?

HIPPOLYTE

Théramène, fuyons. Ma surprise est extrême.
Je ne puis sans horreur me regarder moi-même.
Phèdre... Mais non, grands dieux! Qu'en un profond
    oubli
720 Cet horrible secret demeure enseveli.

---

1. Me refuse.

THÉRAMÈNE

Si vous voulez partir, la voile est préparée.
Mais Athènes, Seigneur, s'est déjà déclarée.
Ses chefs ont pris les voix de toutes ses tribus[1].
Votre frère[2] l'emporte, et Phèdre a le dessus.

HIPPOLYTE

725 Phèdre ?

THÉRAMÈNE

　　　　Un héraut[3] chargé des volontés d'Athènes
De l'État en ses mains vient remettre les rênes.
Son fils est roi, Seigneur.

HIPPOLYTE

　　　　　　　　Dieux, qui la connaissez,
Est-ce donc sa vertu que vous récompensez ?

THÉRAMÈNE

Cependant un bruit sourd veut que le roi respire.
730 On prétend que Thésée a paru dans l'Épire.
Mais moi, qui l'y cherchai, Seigneur, je sais trop bien...

HIPPOLYTE

N'importe, écoutons tout, et ne négligeons rien.
Examinons ce bruit, remontons à sa source.

---

　　1. Les chefs d'Athènes, favorables à Phèdre, ont obtenu le vote
des dix tribus qui composent la cité grecque.
　　2. C'est-à-dire le fils aîné de Thésée et de Phèdre, qui est aussi
demi-frère d'Hippolyte.
　　3. Un messager officiel.

S'il ne mérite pas d'interrompre ma course[1],
735 Partons, et quelque prix qu'il en puisse coûter,
Mettons le sceptre aux mains dignes de le porter.

Fin du second acte.

---

1. Mon départ.

Acte III

Scène I

PHÈDRE, ŒNONE

PHÈDRE

Ah! que l'on porte ailleurs les honneurs qu'on m'envoie.
Importune, peux-tu souhaiter qu'on me voie?
De quoi viens-tu flatter mon esprit désolé?
740 Cache-moi bien plutôt, je n'ai que trop parlé.
Mes fureurs au dehors ont osé se répandre.
J'ai dit ce que jamais on ne devait[1] entendre.
Ciel! comme il m'écoutait! par combien de détours
L'insensible a longtemps éludé mes discours!
745 Comme il ne respirait[2] qu'une retraite prompte!
Et combien sa rougeur a redoublé ma honte!
Pourquoi détournais-tu mon funeste dessein?
Hélas! quand son épée allait chercher mon sein,

---

1. Imparfait à valeur d'irréel du passé.
2. Il n'aspirait qu'à se retirer promptement.

A-t-il pâli pour moi? Me l'a-t-il arrachée?
750 Il suffit que ma main l'ait une fois touchée,
Je l'ai rendue horrible à ses yeux inhumains,
Et ce fer malheureux profanerait ses mains.

ŒNONE

Ainsi dans vos malheurs, ne songeant qu'à vous
    plaindre,
Vous nourrissez un feu qu'il vous faudrait éteindre.
755 Ne vaudrait-il pas mieux, digne sang de Minos,
Dans de plus nobles soins chercher votre repos,
Contre un ingrat qui plaît recourir à la fuite,
Régner, et de l'État embrasser la conduite[1]?

PHÈDRE

Moi régner! Moi, ranger un État sous ma loi!
760 Quand ma faible raison ne règne plus sur moi,
Lorsque j'ai de mes sens abandonné l'empire,
Quand sous un joug honteux à peine je respire,
Quand je me meurs.

ŒNONE
                    Fuyez.

PHÈDRE
                        Je ne le puis quitter.

ŒNONE
Vous l'osâtes bannir, vous n'osez l'éviter.

---

1. S'attacher à diriger l'État.

PHÈDRE

765 Il n'est plus temps. Il sait mes ardeurs insensées.
De l'austère pudeur les bornes sont passées.
J'ai déclaré ma honte aux yeux de mon vainqueur,
Et l'espoir malgré moi s'est glissé dans mon cœur.
Toi-même rappelant ma force défaillante,
770 Et mon âme[1] déjà sur mes lèvres errante,
Par tes conseils flatteurs tu m'as su ranimer.
Tu m'as fait entrevoir que je pouvais l'aimer.

ŒNONE

Hélas ! de vos malheurs innocente ou coupable,
De quoi pour vous sauver n'étais-je point capable ?
775 Mais si jamais l'offense irrita vos esprits,
Pouvez-vous d'un superbe oublier les mépris ?
Avec quels yeux cruels sa rigueur obstinée
Vous laissait à ses pieds peu s'en faut proster-
née !
Que[2] son farouche orgueil le rendait odieux !
780 Que Phèdre en ce moment n'avait-elle mes yeux !

PHÈDRE

Œnone, il peut quitter cet orgueil qui te blesse.
Nourri dans les forêts, il en a la rudesse.
Hippolyte endurci par de sauvages lois
Entend parler d'amour pour la première fois.
785 Peut-être sa surprise a causé son silence,
Et nos plaintes peut-être ont trop de violence.

---

1. Souffle de vie (sens latin de *anima*).
2. Pourquoi ! (latinisme exprimant la plainte ou le regret).

ŒNONE

Songez qu'une barbare en son sein l'a formé.

PHÈDRE

Quoique Scythe et barbare, elle a pourtant aimé.

ŒNONE

Il a pour tout le sexe[1] une haine fatale.

PHÈDRE

790 Je ne me verrai point préférer de rivale.
Enfin, tous ces conseils ne sont plus de saison.
Sers ma fureur, Œnone, et non point ma raison.
Il oppose à l'amour un cœur inaccessible.
Cherchons pour l'attaquer quelque endroit plus sensible.
795 Les charmes d'un empire ont paru le toucher.
Athènes l'attirait, il n'a pu s'en cacher.
Déjà de ses vaisseaux la pointe était tournée,
Et la voile flottait aux vents abandonnée.
Va trouver de ma part ce jeune ambitieux,
800 Œnone. Fais briller la couronne à ses yeux.
Qu'il mette sur son front le sacré diadème[2].
Je ne veux que l'honneur de l'attacher moi-même.
Cédons-lui ce pouvoir que je ne puis garder.
Il instruira mon fils dans l'art de commander.
805 Peut-être il voudra bien lui tenir lieu de père.
Je mets sous son pouvoir et le fils et la mère.
Pour le fléchir enfin tente tous les moyens.

---

1. Les femmes, en langue classique.
2. Le diadème sacré.

Tes discours trouveront plus d'accès que les miens.
Presse, pleure gémis, plains-lui Phèdre mourante.
810 Ne rougis point de prendre une voix suppliante.
Je t'avouerai de tout [1], je n'espère qu'en toi.
Va, j'attends ton retour pour disposer de moi [2].

Scène 2

PHÈDRE, *seule*

Ô toi ! qui vois la honte où je suis descendue,
Implacable Vénus, suis-je assez confondue [3] ?
815 Tu ne saurais plus loin pousser ta cruauté.
Ton triomphe est parfait, tous tes traits ont porté.
Cruelle, si tu veux une gloire nouvelle,
Attaque un ennemi qui te soit plus rebelle.
Hippolyte te fuit, et bravant ton courroux,
820 Jamais à tes autels n'a fléchi les genoux.
Ton nom semble offenser ses superbes oreilles.
Déesse, venge-toi, nos causes sont pareilles.
Qu'il aime. Mais déjà tu reviens sur tes pas,
Œnone ? On me déteste, on ne t'écoute pas.

---

1. Je reconnaîtrai comme venant de toi tout ce que tu feras.
2. Décider de mon sort.
3. Humiliée.

Scène 3

PHÈDRE, ŒNONE

ŒNONE

825 Il faut d'un vain[1] amour étouffer la pensée,
Madame. Rappelez votre vertu passée.
Le roi, qu'on a cru mort, va paraître à vos yeux,
Thésée est arrivé. Thésée est en ces lieux.
Le peuple, pour le voir, court et se précipite.
830 Je sortais par votre ordre, et cherchais Hippolyte,
Lorsque jusques au ciel mille cris élancés...

PHÈDRE

Mon époux est vivant, Œnone, c'est assez.
J'ai fait l'indigne aveu d'un amour qui l'outrage.
Il vit. Je ne veux pas en savoir davantage.

ŒNONE

835 Quoi ?

PHÈDRE

Je te l'ai prédit, mais tu n'as pas voulu.
Sur mes justes remords tes pleurs ont prévalu.
Je mourais ce matin digne d'être pleurée.
J'ai suivi tes conseils, je meurs déshonorée.

ŒNONE

Vous mourez ?

---

1. Inutile, impossible.

PHÈDRE

Juste ciel! Qu'ai-je fait aujourd'hui?
840 Mon époux va paraître, et son fils avec lui.
Je verrai le témoin de ma flamme adultère
Observer de quel front j'ose aborder son père,
Le cœur gros de soupirs, qu'il n'a point écoutés,
L'œil humide de pleurs, par l'ingrat rebutés.
845 Penses-tu que sensible à l'honneur de Thésée,
Il lui cache l'ardeur dont je suis embrasée?
Laissera-t-il trahir et son père et son roi?
Pourra-t-il contenir l'horreur qu'il a pour moi?
Il se tairait en vain. Je sais mes perfidies[1],
850 Œnone, et ne suis point de ces femmes hardies,
Qui goûtant dans le crime une tranquille paix
Ont su se faire un front qui ne rougit jamais.
Je connais mes fureurs, je les rappelle toutes.
Il me semble déjà que ces murs, que ces voûtes,
855 Vont prendre la parole, et prêts à m'accuser
Attendent mon époux, pour le désabuser.
Mourons. De tant d'horreurs qu'un trépas[2] me
        délivre.
Est-ce un malheur si grand que de cesser de vivre?
La mort aux malheureux ne cause point d'effroi.
860 Je ne crains que le nom[3] que je laisse après moi.
Pour mes tristes enfants quel affreux héritage!
Le sang de Jupiter[4] doit enfler leur courage.
Mais quelque juste orgueil qu'inspire un sang si beau,

---

1. Manque de foi, trahison.
2. Mort.
3. La réputation.
4. Jupiter, ancêtre de Phèdre, peut insuffler du courage à ses enfants.

Le crime d'une mère est un pesant fardeau.
865 Je tremble qu'un discours, hélas! trop véritable,
Un jour ne leur reproche une mère coupable.
Je tremble qu'opprimés de ce poids odieux,
L'un ni l'autre jamais n'ose lever les yeux.

ŒNONE

Il n'en faut point douter, je les plains l'un et l'autre.
870 Jamais crainte ne fut plus juste que la vôtre.
Mais à de tels affronts, pourquoi les exposer?
Pourquoi contre vous-même allez-vous déposer¹?
C'en est fait. On dira que Phèdre trop coupable,
De son époux trahi fuit l'aspect redoutable.
875 Hippolyte est heureux qu'aux dépens de vos jours,
Vous-même en expirant appuyez ses discours.
À votre accusateur, que pourrai-je répondre?
Je serai devant lui trop facile à confondre.
De son triomphe affreux je le verrai jouir,
880 Et conter votre honte à qui voudra l'ouïr.
Ah! que plutôt du ciel la flamme me dévore!
Mais ne me trompez point, vous est-il cher encore?
De quel œil voyez-vous ce prince audacieux?

PHÈDRE

Je le vois comme un monstre effroyable à mes yeux.

ŒNONE

885 Pourquoi donc lui céder une victoire entière?
Vous le craignez... Osez l'accuser la première

---

1. Témoigner contre vous.

Du crime dont il peut vous charger aujourd'hui.
Qui vous démentira ? Tout parle contre lui.
Son épée en vos mains heureusement[1] laissée,
890 Votre trouble présent, votre douleur passée,
Son père par vos cris dès longtemps prévenu[2],
Et déjà son exil par vous-même obtenu.

PHÈDRE

Moi, que j'ose opprimer et noircir l'innocence !

ŒNONE

Mon zèle[3] n'a besoin que de votre silence.
895 Tremblante comme vous, j'en sens quelques remords.
Vous me verriez plus prompte affronter mille morts.
Mais puisque je vous perds sans ce triste[4] remède,
Votre vie est pour moi d'un prix à qui tout cède.
Je parlerai. Thésée aigri par mes avis[5],
900 Bornera sa vengeance à l'exil de son fils.
Un père en punissant, Madame, est toujours père.
Un supplice léger suffit à sa colère.
Mais le sang innocent dût-il être versé,
Que ne demande point votre honneur menacé ?
905 C'est un trésor trop cher pour oser le commettre[6].
Quelque loi qu'il vous dicte, il faut vous y soumettre,
Madame, et pour sauver notre honneur combattu[7],

---

1. Par chance.
2. D'avance mal disposé contre lui.
3. Dévouement pour vous.
4. Funeste.
5. Irrité par ce que je lui apprendrai.
6. Risquer de le compromettre.
7. Auquel on livre combat.

Il faut immoler[1] tout, et même la vertu.
On vient, je vois Thésée.

PHÈDRE

Ah ! je vois Hippolyte.
910 Dans ses yeux insolents je vois ma perte écrite.
Fais ce que tu voudras, je m'abandonne à toi.
Dans le trouble où je suis, je ne puis rien pour moi.

Scène 4

THÉSÉE, HIPPOLYTE, PHÈDRE,
ŒNONE, THÉRAMÈNE

THÉSÉE

La fortune à mes vœux cesse d'être opposée,
Madame, et dans vos bras met...

PHÈDRE

Arrêtez, Thésée,
915 Et ne profanez point des transports[2] si charmants.
Je ne mérite plus ces doux empressements.
Vous êtes offensé. La fortune jalouse[3]
N'a pas en votre absence épargné votre épouse,
Indigne de vous plaire, et de vous approcher,
920 Je ne dois désormais songer qu'à me cacher.

---

1. Sacrifier.
2. Manifestations amoureuses.
3. La fortune jalouse de votre bonheur.

Scène 5

THÉSÉE, HIPPOLYTE, THÉRAMÈNE

THÉSÉE

Quel est l'étrange accueil qu'on fait à votre père,
Mon fils ?

HIPPOLYTE

      Phèdre peut seule expliquer ce mystère.
Mais si mes vœux ardents vous peuvent émouvoir,
Permettez-moi, Seigneur, de ne la plus revoir.
925 Souffrez que pour jamais le tremblant Hippolyte
Disparaisse des lieux que votre épouse habite.

THÉSÉE

Vous, mon fils, me quitter ?

HIPPOLYTE

      Je ne la cherchais pas,
C'est vous qui sur ces bords conduisîtes ses pas.
Vous daignâtes, Seigneur, aux rives de Trézène
930 Confier en partant Aricie, et la reine.
Je fus même chargé du soin de les garder.
Mais quels soins désormais peuvent me retarder ?
Assez dans les forêts mon oisive jeunesse,
Sur de vils ennemis a montré son adresse.
935 Ne pourrai-je en fuyant un indigne repos,
D'un sang plus glorieux teindre mes javelots ?

Vous n'aviez pas encore atteint l'âge où je touche,
Déjà plus d'un tyran, plus d'un monstre farouche
Avait de votre bras senti la pesanteur.
940 Déjà de l'insolence heureux persécuteur [1],
Vous aviez des deux mers assuré [2] les rivages,
Le libre voyageur ne craignait plus d'outrages.
Hercule respirant sur le bruit de vos coups [3],
Déjà de son travail se reposait sur vous.
945 Et moi, fils inconnu d'un si glorieux père,
Je suis même encor loin des traces de ma mère.
Souffrez que mon courage ose enfin s'occuper.
Souffrez, si quelque monstre a pu vous échapper,
Que j'apporte à vos pieds sa dépouille honorable ;
950 Ou que d'un beau trépas la mémoire durable,
Éternisant des jours si noblement finis,
Prouve à tout l'avenir que j'étais votre fils.

THÉSÉE

Que vois-je ? Quelle horreur dans ces lieux répandue
Fait fuir devant mes yeux ma famille éperdue [4] ?
955 Si je reviens si craint, et si peu désiré,
Ô ciel ! de ma prison pourquoi m'as-tu tiré ?
Je n'avais qu'un ami [5]. Son imprudente flamme
Du tyran de l'Épire allait ravir la femme.
Je servais à regret ses desseins amoureux.
960 Mais le sort irrité nous aveuglait tous deux.

---

1. Thésée a su poursuivre avec réussite tous ceux qui s'opposaient à lui.
2. Vous aviez rendu sûrs les rivages des deux mers.
3. Pouvant reprendre son souffle à l'annonce de vos exploits.
4. Troublée.
5. Pirithoüs.

Le tyran m'a surpris sans défense et sans armes.
J'ai vu Pirithoüs, triste objet de mes larmes,
Livré par ce barbare à des monstres cruels [1],
Qu'il nourrissait du sang des malheureux mortels.
965 Moi-même il m'enferma dans des cavernes sombres,
Lieux profonds, et voisins de l'empire des ombres.
Les dieux après six mois enfin m'ont regardé.
J'ai su tromper les yeux de qui j'étais gardé.
D'un perfide ennemi j'ai purgé la nature.
970 À ses monstres lui-même a servi de pâture.
Et lorsque avec transport je pense m'approcher
De tout ce que les dieux m'ont laissé de plus cher ;
Que dis-je ? Quand mon âme à soi-même rendue
Vient se rassasier d'une si chère vue ;
975 Je n'ai pour tout accueil que des frémissements.
Tout fuit, tout se refuse à mes embrassements.
Et moi-même éprouvant la terreur que j'inspire,
Je voudrais être encor dans les prisons d'Épire.
Parlez. Phèdre se plaint que je suis outragé.
980 Qui m'a trahi ? Pourquoi ne suis-je pas vengé ?
La Grèce, à qui mon bras fut tant de fois utile,
A-t-elle au criminel accordé quelque asile ?
Vous ne répondez point. Mon fils, mon propre fils
Est-il d'intelligence avec mes ennemis ?
985 Entrons. C'est trop garder un doute qui m'accable.
Connaissons à la fois le crime et le coupable.
Que Phèdre explique enfin le trouble où je la vois.

---

1. Le tyran de l'Épire a fait dévorer Pirithoüs par ses chiens
monstrueux.

Scène 6

HIPPOLYTE, THÉRAMÈNE

HIPPOLYTE

Où tendait ce discours qui m'a glacé d'effroi ?
Phèdre toujours en proie à sa fureur extrême,
990 Veut-elle s'accuser et se perdre elle-même ?
Dieux ! que dira le roi ? Quel funeste poison
L'amour a répandu sur toute sa maison !
Moi-même plein d'un feu que sa haine réprouve,
Quel[1] il m'a vu jadis et quel il me retrouve !
995 De noirs pressentiments viennent m'épouvanter.
Mais l'innocence enfin n'a rien à redouter.
Allons, cherchons ailleurs par quelle heureuse
    adresse
Je pourrai de mon père émouvoir la tendresse,
Et lui dire un amour qu'il peut vouloir troubler,
1000 Mais que tout son pouvoir ne saurait ébranler.

Fin du troisième acte.

----

1. En quel état.

Acte IV

Scène I

THÉSÉE, ŒNONE

THÉSÉE

Ah ! Qu'est-ce que j'entends ? Un traître, un téméraire
Préparait cet outrage à l'honneur de son père ?
Avec quelle rigueur, Destin, tu me poursuis !
Je ne sais où je vais, je ne sais où je suis.
1005 Ô tendresse ! Ô bonté trop mal récompensée !
Projet audacieux ! détestable pensée !
Pour parvenir au but de ses noires amours,
L'insolent de la force empruntait le secours,
J'ai reconnu le fer [1], instrument de sa rage,
1010 Ce fer dont je l'armai pour un plus noble usage.
Tous les liens du sang n'ont pu le retenir !
Et Phèdre différait à le faire punir !
Le silence de Phèdre épargnait le coupable !

---

1. L'épée.

ŒNONE

Phèdre épargnait plutôt un père déplorable [1].
1015 Honteuse du dessein d'un amant furieux,
Et du feu criminel qu'il a pris dans ses yeux,
Phèdre mourait, Seigneur, et sa main meurtrière
Éteignait de ses yeux l'innocente lumière.
J'ai vu lever le bras, j'ai couru la sauver.
1020 Moi seule à votre amour j'ai su la conserver ;
Et plaignant à la fois son trouble et vos alarmes,
J'ai servi malgré moi d'interprète à ses larmes.

THÉSÉE

Le perfide ! Il n'a pu s'empêcher de pâlir.
De crainte en m'abordant [2] je l'ai vu tressaillir.
1025 Je me suis étonné de son peu d'allégresse.
Ses froids embrassements ont glacé ma tendresse.
Mais ce coupable amour dont il est dévoré,
Dans Athènes déjà s'était-il déclaré ?

ŒNONE

Seigneur, souvenez-vous des plaintes de la reine.
1030 Un amour criminel causa toute sa haine.

THÉSÉE

Et ce feu dans Trézène a donc recommencé ?

ŒNONE

Je vous ai dit, Seigneur, tout ce qui s'est passé.

---

1. Digne d'être plaint.
2. Le gérondif se rapporte au pronom objet « le », usage aujourd'hui incorrect.

C'est trop laisser la reine à sa douleur mortelle.
Souffrez que je vous quitte et me range auprès d'elle.

Scène 2

THÉSÉE, HIPPOLYTE

THÉSÉE

1035 Ah! le voici. Grands dieux! à ce noble maintien
Quel œil ne serait pas trompé comme le mien?
Faut-il que sur le front d'un profane adultère[1]
Brille de la vertu le sacré caractère[2]?
Et ne devrait-on pas à des signes certains
1040 Reconnaître le cœur des perfides humains?

HIPPOLYTE

Puis-je vous demander quel funeste nuage,
Seigneur, a pu troubler votre auguste visage?
N'osez-vous confier ce secret à ma foi?

THÉSÉE

Perfide, oses-tu bien te montrer devant moi?
1045 Monstre, qu'a trop longtemps épargné le tonnerre,
Reste impur des brigands dont j'ai purgé la terre.
Après que le transport d'un amour plein d'horreur
Jusqu'au lit de ton père a porté sa fureur,
Tu m'oses présenter une tête ennemie,

---

1. Qui a souillé le caractère sacré du mariage.
2. Le caractère sacré de la vertu.

1050 Tu parais dans des lieux pleins de ton infamie,
     Et ne vas pas chercher sous un ciel inconnu
     Des pays où mon nom ne soit point parvenu.
     Fuis, traître. Ne viens point braver ici ma haine,
     Et tenter un courroux que je retiens à peine.
1055 C'est bien assez pour moi de l'opprobre éternel
     D'avoir pu mettre au jour un fils si criminel,
     Sans que ta mort encor honteuse à ma mémoire,
     De mes nobles travaux[1] vienne souiller la gloire.
     Fuis. Et si tu ne veux qu'un châtiment soudain
1060 T'ajoute aux scélérats qu'a punis cette main,
     Prends garde que jamais l'astre qui nous éclaire
     Ne te voie en ces lieux mettre un pied téméraire.
     Fuis, dis-je, et sans retour précipitant tes pas,
     De ton horrible aspect purge tous mes États.
1065 Et toi, Neptune, et toi, si jadis mon courage
     D'infâmes assassins nettoya ton rivage,
     Souviens-toi que pour prix de mes efforts heu-
          reux,
     Tu promis d'exaucer le premier de mes vœux.
     Dans les longues rigueurs d'une prison cruelle
1070 Je n'ai point imploré ta puissance immortelle.
     Avare du secours que j'attends de tes soins
     Mes vœux t'ont réservé pour de plus grands besoins.
     Je t'implore aujourd'hui. Venge un malheureux
          père.
     J'abandonne ce traître à toute ta colère.
1075 Étouffe dans son sang ses désirs effrontés.
     Thésée à tes fureurs connaîtra tes bontés.

---

1. Exploits (comme les travaux d'Hercule).

HIPPOLYTE

D'un amour criminel Phèdre accuse Hippolyte ?
Un tel excès d'horreur rend mon âme interdite ;
Tant de coups imprévus m'accablent à la fois,
1080 Qu'ils m'ôtent la parole, et m'étouffent la voix.

THÉSÉE

Traître, tu prétendais qu'en un lâche silence,
Phèdre ensevelirait ta brutale insolence.
Il fallait en fuyant ne pas abandonner
Le fer, qui dans ses mains aide à te condamner.
1085 Ou plutôt il fallait comblant[1] ta perfidie
Lui ravir tout d'un coup la parole et la vie.

HIPPOLYTE

D'un mensonge si noir justement irrité,
Je devrais faire ici parler la vérité,
Seigneur. Mais je supprime un secret qui vous touche.
1090 Approuvez le respect qui me ferme la bouche ;
Et sans vouloir vous-même augmenter vos ennuis[2],
Examinez ma vie, et songez qui je suis.
Quelques crimes toujours précèdent les grands
    crimes.
Quiconque a pu franchir les bornes légitimes[3],
1095 Peut violer enfin les droits les plus sacrés.
Ainsi que la vertu, le crime a ses degrés.
Et jamais on n'a vu la timide innocence

---

1. Portant à son comble.
2. Douleurs.
3. Les bornes prescrites par la loi.

Passer subitement à l'extrême licence [1].
Un jour seul ne fait point d'un mortel vertueux
1100 Un perfide assassin, un lâche incestueux.
Élevé dans le sein d'une chaste héroïne,
Je n'ai point de son sang démenti l'origine.
Pitthée estimé sage entre tous les humains,
Daigna m'instruire encore au sortir de ses mains [2].
1105 Je ne veux point me peindre avec trop d'avantage ;
Mais si quelque vertu m'est tombée en partage,
Seigneur, je crois surtout avoir fait éclater [3]
La haine des forfaits qu'on ose m'imputer.
C'est par là qu'Hippolyte est connu dans la Grèce.
1110 J'ai poussé la vertu jusques à la rudesse.
On sait de mes chagrins l'inflexible rigueur.
Le jour n'est pas plus pur que le fond de mon cœur,
Et l'on veut qu'Hippolyte épris d'un feu profane...

THÉSÉE

Oui, c'est ce même orgueil, lâche, qui te condamne.
1115 Je vois de tes froideurs le principe odieux.
Phèdre seule charmait tes impudiques yeux.
Et pour tout autre objet ton âme indifférente
Dédaignait de brûler d'une flamme innocente.

HIPPOLYTE

Non, mon père, ce cœur (c'est trop vous le celer [4])
1120 N'a point d'un chaste amour dédaigné de brûler.

---

1. La dépravation la plus totale.
2. Des mains d'Antiope, la vertueuse mère d'Hippolyte.
3. Avoir fait connaître publiquement.
4. C'est trop vous cacher mon cœur.

Je confesse à vos pieds ma véritable offense.
J'aime, j'aime, il est vrai, malgré votre défense.
Aricie à ses lois tient mes vœux asservis.
La fille de Pallante a vaincu votre fils.
1125 Je l'adore, et mon âme à vos ordres rebelle,
Ne peut ni soupirer, ni brûler que pour elle.

THÉSÉE

Tu l'aimes ? Ciel ! Mais non, l'artifice¹ est grossier.
Tu te feins criminel pour te justifier.

HIPPOLYTE

Seigneur, depuis six mois je l'évite, et je l'aime.
1130 Je venais en tremblant vous le dire à vous-même.
Hé quoi ? De votre erreur rien ne vous peut tirer ?
Par quel affreux serment faut-il vous rassurer ?
Que la terre, le ciel, que toute la nature...

THÉSÉE

Toujours les scélérats ont recours au parjure.
1135 Cesse, cesse, et m'épargne un importun discours,
Si ta fausse vertu n'a point d'autre secours.

HIPPOLYTE

Elle vous paraît fausse, et pleine d'artifice ;
Phèdre au fond de son cœur me rend plus de justice.

THÉSÉE

Ah ! que ton impudence excite mon courroux !

---

1. La ruse.

HIPPOLYTE

1140 Quel temps à mon exil, quel lieu prescrivez-vous ?

THÉSÉE

Fusses-tu par delà les colonnes d'Alcide[1],
Je me croirais encor trop voisin d'un perfide.

HIPPOLYTE

Chargé du crime affreux dont vous me soupçonnez,
Quels amis me plaindront quand vous m'abandon-
     nez ?

THÉSÉE

1145 Va chercher des amis, dont l'estime funeste
Honore l'adultère, applaudisse à l'inceste ;
Des traîtres, des ingrats sans honneur et sans loi,
Dignes de protéger un méchant tel que toi.

THÉSÉE

Vous me parlez toujours d'inceste et d'adultère !
1150 Je me tais. Cependant Phèdre sort d'une mère,
Phèdre est d'un sang, Seigneur, vous le savez trop
     bien,
De toutes ces horreurs plus rempli que le mien.

THÉSÉE

Quoi ! ta rage à mes yeux perd toute retenue ?
Pour la dernière fois, ôte-toi de ma vue.

---

1. Les colonnes d'Hercule, c'est-à-dire Gibraltar, considérées
comme les confins du monde dans l'Antiquité.

1155 Sors, traître. N'attends pas qu'un père furieux
    Te fasse avec opprobre arracher de ces lieux.

Scène 3

THÉSÉE, *seul*

Misérable, tu cours à ta perte infaillible.
Neptune par le fleuve aux dieux mêmes terrible[1],
M'a donné sa parole, et va l'exécuter.
1160 Un dieu vengeur te suit[2], tu ne peux l'éviter.
Je t'aimais. Et je sens que malgré ton offense,
Mes entrailles pour toi se troublent par avance.
Mais à te condamner tu m'as trop engagé.
Jamais père en effet fut-il plus outragé ?
1165 Justes dieux, qui voyez la douleur qui m'accable,
Ai-je pu mettre au jour un enfant si coupable ?

Scène 4

PHÈDRE, THÉSÉE

PHÈDRE

Seigneur, je viens à vous pleine d'un juste effroi.
Votre voix redoutable a passé jusqu'à moi.

---

1. Le Styx, autre fleuve des Enfers (ce qui rend le serment de
Neptune irrévocable).
2. Poursuit.

Je crains qu'un prompt effet n'ait suivi la menace.
1170 S'il en est temps encore, épargnez votre race.
Respectez votre sang, j'ose vous en prier.
Sauvez-moi de l'horreur de l'entendre crier.
Ne me préparez point la douleur éternelle
De l'avoir fait répandre à la main paternelle.

THÉSÉE

1175 Non, Madame, en mon sang ma main n'a point trempé.
Mais l'ingrat toutefois ne m'est point échappé.
Une immortelle main de sa perte est chargée.
Neptune me la doit, et vous serez vengée.

PHÈDRE

Neptune vous la doit ! Quoi ! vos vœux irrités [1]...

THÉSÉE

1180 Quoi ! craignez-vous déjà qu'ils ne soient écoutés ?
Joignez-vous bien plutôt à mes vœux légitimes.
Dans toute leur noirceur retracez-moi ses crimes.
Échauffez mes transports [2] trop lents, trop retenus.
Tous ses crimes encor ne vous sont pas connus.
1185 Sa fureur contre vous se répand en injures.
Votre bouche, dit-il, est pleine d'impostures.
Il soutient qu'Aricie a son cœur, a sa foi,
Qu'il l'aime.

PHÈDRE

Quoi, Seigneur !

---

1. Vos souhaits de vengeance inspirés par la colère.
2. Emportement de colère.

THÉSÉE

Il l'a dit devant moi.
Mais je sais rejeter un frivole artifice.
1190 Espérons de Neptune une prompte justice.
Je vais moi-même encore au pied de ses autels,
Le presser d'accomplir ses serments immortels.

Scène 5

PHÈDRE, *seule*

Il sort. Quelle nouvelle a frappé mon oreille ?
Quel feu mal étouffé dans mon cœur se réveille ?
1195 Quel coup de foudre, ô ciel ! et quel funeste avis [1] !
Je volais tout entière au secours de son fils.
Et m'arrachant des bras d'Œnone épouvantée,
Je cédais au remords dont j'étais tourmentée.
Qui sait même où m'allait porter ce repentir ?
1200 Peut-être à m'accuser j'aurais pu consentir,
Peut-être, si la voix ne m'eût été coupée,
L'affreuse vérité me serait échappée.
Hippolyte est sensible [2], et ne sent rien pour moi !
Aricie a son cœur ! Aricie a sa foi !
1205 Ah dieux ! Lorsqu'à mes vœux l'ingrat inexorable
S'armait d'un œil si fier, d'un front si redoutable,
Je pensais qu'à l'amour son cœur toujours fermé,

---

1. Quelle nouvelle funeste.
2. Touché par l'amour.

Fût[1] contre tout mon sexe également armé.
Une autre cependant a fléchi son audace[2].
1210 Devant ses yeux cruels une autre a trouvé grâce.
Peut-être a-t-il un cœur facile à s'attendrir.
Je suis le seul objet qu'il ne saurait souffrir.
Et je me chargerais du soin de le défendre !

Scène 6

PHÈDRE, ŒNONE

PHÈDRE

Chère Œnone, sais-tu ce que je viens d'apprendre ?

ŒNONE

1215 Non. Mais je viens tremblante, à ne vous point men-
tir.
J'ai pâli du dessein qui vous a fait sortir.
J'ai craint une fureur à vous-même fatale.

PHÈDRE

Œnone, qui l'eût cru ? J'avais une rivale.

ŒNONE

Comment ?

PHÈDRE

Hippolyte aime, et je n'en puis douter.

---

1. Était (latinisme, en usage dans la langue classique).
2. Sa présomption, sa résistance à l'amour.

1220 Ce farouche ennemi qu'on ne pouvait dompter,
Qu'offensait le respect[1], qu'importunait la plainte[2],
Ce tigre, que jamais je n'abordai sans crainte,
Soumis, apprivoisé reconnaît un vainqueur.
Aricie a trouvé le chemin de son cœur.

ŒNONE

1225 Aricie?

PHÈDRE

Ah, douleur non encore éprouvée!
À quel nouveau tourment je me suis réservée!
Tout ce que j'ai souffert, mes craintes, mes trans-
 ports,
La fureur de mes feux, l'horreur de mes remords,
Et d'un refus cruel l'insupportable injure
1230 N'était qu'un faible essai du tourment que j'endure.
Ils s'aiment! Par quel charme ont-ils trompé mes
 yeux?
Comment se sont-ils vus? Depuis quand? Dans quels
 lieux?
Tu le savais. Pourquoi me laissais-tu séduire[3]?
De leur furtive ardeur[4] ne pouvais-tu m'instruire?
1235 Les a-t-on vus souvent se parler, se chercher?
Dans le fond des forêts allaient-ils se cacher?
Hélas! Ils se voyaient avec pleine licence.
Le ciel de leurs soupirs approuvait l'innocence.
Ils suivaient sans remords leur penchant amoureux.

---

1. Adoration (qu'on éprouvait pour lui).
2. Les soupirs amoureux.
3. Tromper.
4. Leur amour secret.

1240 Tous les jours se levaient clairs et sereins pour eux.
     Et moi, triste rebut de la nature entière,
     Je me cachais au jour, je fuyais la lumière.
     La mort est le seul dieu que j'osais implorer.
     J'attendais le moment où j'allais expirer,
1245 Me nourrissant de fiel[1], de larmes abreuvée,
     Encor dans mon malheur de trop près observée,
     Je n'osais dans mes pleurs me noyer à loisir,
     Je goûtais en tremblant ce funeste plaisir.
     Et sous un front serein déguisant mes alarmes,
1250 Il fallait bien souvent me priver de mes larmes

                          ŒNONE

     Quel fruit recevront-ils de leurs vaines amours ?
     Ils ne se verront plus.

                          PHÈDRE

                              Ils s'aimeront toujours.
     Au moment que je parle, ah, mortelle pensée !
     Ils bravent la fureur d'une amante insensée.
1255 Malgré ce même exil qui va les écarter[2],
     Ils font mille serments de ne se point quitter.
     Non, je ne puis souffrir un bonheur qui m'outrage,
     Œnone. Prends pitié de ma jalouse rage.
     Il faut perdre Aricie. Il faut de mon époux
1260 Contre un sang odieux réveiller le courroux.
     Qu'il ne se borne pas à des peines légères.
     Le crime de la sœur passe[3] celui des frères.

     _____

     1. Amertume.
     2. Les séparer.
     3. Dépasse.

Dans mes jaloux transports je le veux implorer.
Que fais-je ? Où ma raison se va-t-elle égarer ?
1265 Moi jalouse ! Et Thésée est celui que j'implore !
Mon époux est vivant, et moi je brûle encore !
Pour qui ? Quel est le cœur où prétendent mes
    vœux ?
Chaque mot sur mon front fait dresser mes cheveux.
Mes crimes désormais ont comblé la mesure.
1270 Je respire à la fois l'inceste et l'imposture[1].
Mes homicides mains promptes à me venger,
Dans le sang innocent brûlent de se plonger.
Misérable ! Et je vis ? Et je soutiens la vue
De ce sacré soleil dont je suis descendue ?
1275 J'ai pour aïeul le père et le maître des dieux.
Le ciel, tout l'univers est plein de mes aïeux.
Où me cacher ? Fuyons dans la nuit infernale[2].
Mais que dis-je ? Mon père y tient l'urne fatale[3].
Le sort, dit-on, l'a mise en ses sévères mains.
1280 Minos juge aux enfers tous les pâles humains[4].
Ah ! combien frémira son ombre épouvantée,
Lorsqu'il verra sa fille à ses yeux présentée,
Contrainte d'avouer tant de forfaits divers,
Et des crimes peut-être inconnus aux enfers ?
1285 Que diras-tu, mon père, à ce spectacle horrible ?
Je crois voir de ta main tomber l'urne terrible,
Je crois te voir cherchant un supplice nouveau,
Toi-même de ton sang devenir le bourreau.

---

1. Le mensonge (l'accusation mensongère contre Hippolyte).
2. La nuit des Enfers.
3. Selon la mythologie, Minos, père de Phèdre, gardait l'urne d'où l'on tirait le sort des morts, à l'entrée des Enfers.
4. Les morts.

Pardonne. Un dieu cruel[1] a perdu ta famille.
1290 Reconnais sa vengeance aux fureurs de ta fille.
Hélas ! Du crime affreux dont la honte me suit,
Jamais mon triste cœur n'a recueilli le fruit.
Jusqu'au dernier soupir de malheurs poursuivie,
Je rends dans les tourments une pénible vie.

ŒNONE

1295 Hé ! repoussez, Madame, une injuste terreur.
Regardez d'un autre œil une excusable erreur.
Vous aimez. On ne peut vaincre sa destinée.
Par un charme fatal vous fûtes entraînée.
Est-ce donc un prodige inouï parmi nous ?
1300 L'amour n'a-t-il encor triomphé que de vous ?
La faiblesse aux humains n'est que trop naturelle.
Mortelle, subissez le sort d'une mortelle.
Vous vous plaignez d'un joug imposé dès longtemps.
Les dieux même, les dieux de l'Olympe habitants,
1305 Qui d'un bruit si terrible épouvantent les crimes,
Ont brûlé quelquefois de feux illégitimes.

PHÈDRE

Qu'entends-je ? Quels conseils ose-t-on me donner ?
Ainsi donc jusqu'au bout tu veux m'empoisonner,
Malheureuse ? Voilà comme tu m'as perdue.
1310 Au jour que je fuyais, c'est toi qui m'as rendue.
Tes prières m'ont fait oublier mon devoir.
J'évitais Hippolyte, et tu me l'as fait voir.
De quoi te chargeais-tu ? Pourquoi ta bouche impie
A-t-elle en l'accusant osé noircir sa vie ?

_____
1. Vénus.

1315 Il en mourra peut-être, et d'un père insensé
Le sacrilège vœu [1] peut-être est exaucé.
Je ne t'écoute plus. Va-t'en, monstre exécrable.
Va, laisse-moi le soin de mon sort déplorable.
Puisse le juste ciel dignement te payer ;
1320 Et puisse ton supplice à jamais effrayer
Tous ceux qui, comme toi, par de lâches adresses,
Des princes malheureux nourrissent les faiblesses,
Les poussent au penchant où leur cœur est enclin,
Et leur osent du crime aplanir le chemin ;
1325 Détestables flatteurs, présent le plus funeste
Que puisse faire aux rois la colère céleste.

ŒNONE, *seule*

Ah ! dieux ! Pour la servir, j'ai tout fait, tout quitté,
Et j'en reçois ce prix ? Je l'ai bien mérité.

Fin du quatrième acte.

---

1. Les souhaits criminels de vengeance de Thésée.

Acte V

Scène I

HIPPOLYTE, ARICIE

ARICIE

Quoi! vous pouvez vous taire en ce péril extrême?
1330 Vous laissez dans l'erreur un père qui vous aime?
Cruel, si de mes pleurs méprisant le pouvoir,
Vous consentez sans peine à ne me plus revoir,
Partez, séparez-vous de la triste Aricie.
Mais du moins en partant assurez votre vie[1].
1335 Défendez votre honneur d'un reproche honteux,
Et forcez votre père à révoquer ses vœux[2].
Il en est temps encor. Pourquoi? Par quel caprice
Laissez-vous le champ libre à votre accusatrice?
Éclaircissez Thésée.

HIPPOLYTE

Hé! que n'ai-je point dit?

---

1. Sauvez votre vie.
2. Revenir sur les souhaits faits à Neptune.

1340 Ai-je dû [1] mettre au jour l'opprobre de son lit ?
Devais-je, en lui faisant un récit trop sincère,
D'une indigne rougeur couvrir le front d'un père ?
Vous seule avez percé ce mystère odieux.
Mon cœur pour s'épancher n'a que vous et les dieux.
1345 Je n'ai pu vous cacher, jugez si je vous aime,
Tout ce que je voulais me cacher à moi-même.
Mais songez sous quel sceau [2] je vous l'ai révélé.
Oubliez, s'il se peut, que je vous ai parlé,
Madame. Et que jamais une bouche si pure
1350 Ne s'ouvre pour conter cette horrible aventure.
Sur l'équité des dieux osons nous confier.
Ils ont trop d'intérêt à me justifier ;
Et Phèdre tôt ou tard de son crime punie,
N'en saurait éviter la juste ignominie.
1355 C'est l'unique respect que j'exige de vous.
Je permets tout le reste à mon libre courroux.
Sortez de l'esclavage où vous êtes réduite.
Osez me suivre. Osez accompagner ma fuite.
Arrachez-vous d'un lieu funeste et profané,
1360 Où la vertu respire un air empoisonné.
Profitez pour cacher votre prompte retraite,
De la confusion que ma disgrâce y jette.
Je vous puis de la fuite assurer les moyens,
Vous n'avez jusqu'ici de gardes que les miens.
1365 De puissants défenseurs prendront notre querelle [3].
Argos nous tend les bras, et Sparte nous appelle [4].

---

1. Aurais-je dû (latinisme qui donne au passé composé la valeur d'un irréel du passé).
2. Le sceau du secret.
3. Embrasseront notre cause.
4. Argos et Sparte : villes du Péloponnèse.

À nos amis communs portons nos justes cris.
Ne souffrons pas que Phèdre assemblant nos débris[1]
Du trône paternel nous chasse l'un et l'autre,
1370 Et promette à son fils ma dépouille et la vôtre.
L'occasion est belle, il la faut embrasser.
Quelle peur vous retient? Vous semblez balancer?
Votre seul intérêt m'inspire cette audace.
Quand je suis tout de feu, d'où vous vient cette glace?
1375 Sur les pas d'un banni craignez-vous de marcher?

ARICIE

Hélas! qu'un tel exil, Seigneur, me serait cher!
Dans quels ravissements, à votre sort liée
Du reste des mortels je vivrais oubliée!
Mais n'étant point unis par un lien si doux[2],
1380 Me puis-je avec honneur dérober avec vous[3]?
Je sais que sans blesser l'honneur le plus sévère
Je me puis affranchir des mains de votre père.
Ce n'est point m'arracher du sein de mes parents,
Et la fuite est permise à qui fuit ses tyrans;
1385 Mais vous m'aimez, Seigneur; et ma gloire alarmée...

HIPPOLYTE

Non, non; j'ai trop de soin de votre renommée.
Un plus noble dessein m'amène devant vous.
Fuyez vos ennemis, et suivez votre époux.
Libres dans nos malheurs, puisque le ciel l'ordonne,
1390 Le don de notre foi ne dépend de personne.

---

1. Unissant ce qui reste de notre ruine.
2. Le lien du mariage.
3. Puis-je garder mon honneur en me sauvant avec vous?

L'hymen n'est point toujours entouré de flam-
  beaux.
Aux portes de Trézène, et parmi ces tombeaux,
Des princes de ma race antiques sépultures,
Est un temple sacré formidable aux parjures [1].
1395 C'est là que les mortels n'osent jurer en vain.
Le perfide y reçoit un châtiment soudain.
Et craignant d'y trouver la mort inévitable,
Le mensonge n'a point de frein plus redoutable.
Là, si vous m'en croyez, d'un amour éternel
1400 Nous irons confirmer le serment solennel [2].
Nous prendrons à témoin le dieu qu'on y révère.
Nous le prierons tous deux de nous servir de père.
Des dieux les plus sacrés j'attesterai le nom.
Et la chaste Diane [3], et l'auguste Junon,
1405 Et tous les dieux enfin témoins de mes tendresses,
Garantiront la foi de mes saintes promesses.

ARICIE

Le roi vient. Fuyez, Prince, et partez promptement.
Pour cacher mon départ je demeure un moment.
Allez, et laissez-moi quelque fidèle guide,
1410 Qui conduise vers vous ma démarche timide.

---

1. Qui effraie les parjures.
2. Le serment du mariage.
3. Diane, déesse de la chasse, est la protectrice d'Hippolyte, et
Junon est la protectrice du mariage. Hippolyte veut placer son
mariage avec Aricie sous la protection de ces deux déesses.

Scène 2

THÉSÉE, ARICIE, ISMÈNE

THÉSÉE

Dieux, éclairez mon trouble, et daignez à mes yeux
Montrer la vérité, que je cherche en ces lieux.

ARICIE

Songe à tout, chère Ismène, et sois prête à la fuite.

Scène 3

THÉSÉE, ARICIE

THÉSÉE

Vous changez de couleur, et semblez interdite,
1415 Madame ! Que faisait Hippolyte en ce lieu ?

ARICIE

Seigneur, il me disait un éternel adieu.

THÉSÉE

Vos yeux ont su dompter ce rebelle courage[1] ;
Et ses premiers soupirs sont votre heureux ouvrage.

---

1. Ce cœur rebelle à l'amour.

ARICIE

Seigneur, je ne vous puis nier la vérité.
1420 De votre injuste haine il n'a pas hérité.
Il ne me traitait point comme une criminelle.

THÉSÉE

J'entends, il vous jurait une amour[1] éternelle.
Ne vous assurez point sur ce cœur inconstant.
Car à d'autres que vous il en jurait autant.

ARICIE

1425 Lui, Seigneur ?

THÉSÉE

Vous deviez[2] le rendre moins volage.
Comment souffriez-vous cet horrible partage ?

ARICIE

Et comment souffrez-vous que d'horribles discours
D'une si belle vie osent noircir le cours ?
Avez-vous de son cœur si peu de connaissance ?
1430 Discernez-vous si mal le crime et l'innocence ?
Faut-il qu'à vos yeux seuls un nuage odieux
Dérobe sa vertu qui brille à tous les yeux ?
Ah ! c'est trop le livrer à des langues perfides.
Cessez. Repentez-vous de vos vœux homicides.
1435 Craignez, Seigneur, craignez que le ciel rigoureux

---

1. Au singulier, dans la langue classique, amour peut être
de genre masculin ou féminin (mais est toujours au féminin au
pluriel).
2. Auriez dû.

Ne vous haïsse assez pour exaucer vos vœux.
Souvent dans sa colère il reçoit nos victimes [1].
Ses présents sont souvent la peine [2] de nos crimes.

THÉSÉE

Non, vous voulez en vain couvrir son attentat.
1440 Votre amour vous aveugle en faveur de l'ingrat.
Mais j'en crois des témoins certains, irréprochables.
J'ai vu, j'ai vu couler des larmes véritables.

ARICIE

Prenez garde, Seigneur. Vos invincibles mains
Ont de monstres sans nombre affranchi les humains.
1445 Mais tout n'est pas détruit; et vous en laissez vivre
Un... Votre fils, Seigneur, me défend de poursuivre.
Instruite du respect qu'il veut vous conserver,
Je l'affligerais trop, si j'osais achever.
J'imite sa pudeur [3], et fuis votre présence
1450 Pour n'être pas forcée à rompre le silence.

Scène 4

THÉSÉE, *seul*

Quelle est donc sa pensée? Et que cache un discours
Commencé tant de fois, interrompu toujours?

---

1. Il accepte les victimes qu'on lui a immolées et exauce nos vœux.
2. Le châtiment.
3. Sa réserve, sa discrétion.

Veulent-ils m'éblouir par une feinte vaine ?
Sont-ils d'accord tous deux pour me mettre à la
    gêne[1] ?
1455 Mais moi-même, malgré ma sévère rigueur,
Quelle plaintive voix crie au fond de mon cœur ?
Une pitié secrète et m'afflige, et m'étonne.
Une seconde fois interrogeons Œnone.
Je veux de tout le crime être mieux éclairci.
1460 Gardes. Qu'Œnone sorte et vienne seule ici.

Scène 5

THÉSÉE, PANOPE

PANOPE

J'ignore le projet que la reine médite,
Seigneur. Mais je crains tout du transport qui l'agite.
Un mortel désespoir sur son visage est peint.
La pâleur de la mort est déjà sur son teint.
1465 Déjà de sa présence avec honte chassée
Dans la profonde mer Œnone s'est lancée.
On ne sait point d'où part ce dessein furieux[2].
Et les flots pour jamais l'ont ravie à nos yeux.

THÉSÉE

Qu'entends-je ?

---

1. Me mettre à la torture (*géhenne* signifie torture en ancien français).
2. Quelle est la cause de cette folle décision.

PANOPE

Son trépas n'a point calmé la reine,

1470 Le trouble semble croître en son âme incertaine.
Quelquefois pour flatter[1] ses secrètes douleurs
Elle prend ses enfants, et les baigne de pleurs.
Et soudain renonçant à l'amour maternelle,
Sa main avec horreur les repousse loin d'elle.
1475 Elle porte au hasard ses pas irrésolus.
Son œil tout égaré ne nous reconnaît plus.
Elle a trois fois écrit, et changeant de pensée
Trois fois elle a rompu sa lettre commencée.
Daignez la voir, Seigneur, daignez la secourir.

THÉSÉE

1480 Ô ciel ! Œnone est morte, et Phèdre veut mourir ?
Qu'on rappelle mon fils, qu'il vienne se défendre,
Qu'il vienne me parler, je suis prêt de l'entendre.
Ne précipite point tes funestes bienfaits,
Neptune. J'aime mieux n'être exaucé jamais.
1485 J'ai peut-être trop cru des témoins peu fidèles[2].
Et j'ai trop tôt vers toi levé mes mains cruelles.
Ah ! de quel désespoir mes vœux seraient suivis !

---

1. Adoucir.
2. Peu sûrs.

Scène 6

THÉSÉE, THÉRAMÈNE

THÉSÉE

Théramène, est-ce toi? Qu'as-tu fait de mon fils?
Je te l'ai confié dès l'âge le plus tendre.
1490 Mais d'où naissent les pleurs que je te vois répandre?
Que fait mon fils?

THÉRAMÈNE

         Ô soins tardifs, et superflus!
Inutile tendresse! Hippolyte n'est plus.

THÉSÉE

Dieux!

THÉRAMÈNE

         J'ai vu des mortels périr le plus aimable,
Et j'ose dire encor, Seigneur, le moins coupable.

THÉSÉE

1495 Mon fils n'est plus? Hé quoi! quand je lui tends les
         bras,
Les dieux impatients ont hâté son trépas?
Quel coup me l'a ravi? Quelle foudre soudaine?

THÉRAMÈNE

À peine nous sortions des portes de Trezène,
Il était sur son char. Ses gardes affligés

1500 Imitaient son silence, autour de lui rangés.
      Il suivait tout pensif le chemin de Mycènes.
      Sa main sur ses chevaux laissait flotter les rênes.
      Ses superbes coursiers [1], qu'on voyait autrefois
      Pleins d'une ardeur si noble obéir à sa voix,
1505 L'œil morne maintenant et la tête baissée
      Semblaient se conformer à sa triste pensée.
      Un effroyable cri sorti du fond des flots
      Des airs en ce moment a troublé le repos ;
      Et du sein de la terre une voix formidable [2]
1510 Répond en gémissant à ce cri redoutable.
      Jusqu'au fond de nos cœurs notre sang s'est glacé.
      Des coursiers attentifs le crin s'est hérissé.
      Cependant sur le dos de la plaine liquide [3]
      S'élève à gros bouillons une montagne humide.
1515 L'onde [4] approche, se brise, et vomit à nos yeux
      Parmi des flots d'écume un monstre furieux.
      Son front large est armé de cornes menaçantes.
      Tout son corps est couvert d'écailles jaunissantes.
      Indomptable taureau, dragon impétueux,
1520 Sa croupe se recourbe en replis tortueux.
      Ses longs mugissements font trembler le rivage.
      Le ciel avec horreur voit ce monstre sauvage,
      La terre s'en émeut [5], l'air en est infecté,
      Le flot, qui l'apporta, recule épouvanté.
1525 Tout fuit, et sans s'armer d'un courage inutile

---

1. Chevaux.
2. Terrifiante.
3. Métaphore de la littérature grecque et latine pour désigner la mer.
4. La vague.
5. La terre en tremble.

Dans le temple voisin chacun cherche un asile.
Hippolyte lui seul digne fils d'un héros,
Arrête ses coursiers, saisit ses javelots,
Pousse au monstre[1], et d'un dard[2] lancé d'une main
 sûre
1530 Il lui fait dans le flanc une large blessure.
De rage et de douleur le monstre bondissant
Vient aux pieds des chevaux tomber en mugissant,
Se roule, et leur présente une gueule enflammée,
Qui les couvre de feu, de sang, et de fumée.
1535 La frayeur les emporte, et sourds à cette fois,
Ils ne connaissent plus ni le frein[3] ni la voix.
En efforts impuissants leur maître se consume[4].
Ils rougissent le mors d'une sanglante écume.
On dit qu'on a vu même en ce désordre affreux
1540 Un dieu, qui d'aiguillons pressait leur flanc poudreux.
À travers des rochers la peur les précipite.
L'essieu crie, et se rompt. L'intrépide Hippolyte
Voit voler en éclats tout son char fracassé.
Dans les rênes lui-même il tombe embarrassé[5].
1545 Excusez ma douleur. Cette image cruelle
Sera pour moi de pleurs une source éternelle.
J'ai vu, Seigneur, j'ai vu votre malheureux fils
Traîné par les chevaux que sa main a nourris.
Il veut les rappeler, et sa voix les effraie.
1550 Ils courent. Tout son corps n'est bientôt qu'une plaie.

---

1. Charge le monstre.
2. D'une lance.
3. Au sens propre, comme *mors, rênes, essieu,* pour décrire
comment Hippolyte perd le contrôle de son char.
4. Leur maître, Hippolyte, s'épuise en efforts impuissants.
5. Empêtré.

De nos cris douloureux la plaine retentit.
Leur fougue impétueuse enfin se ralentit.
Ils s'arrêtent, non loin de ces tombeaux antiques,
Où des rois ses aïeux sont les froides reliques[1].
1555 J'y cours en soupirant, et sa garde me suit.
De son généreux sang la trace nous conduit,
Les rochers en sont teints. Les ronces dégouttantes
Portent de ses cheveux les dépouilles sanglantes.
J'arrive, je l'appelle, et me tendant la main
1560 Il ouvre un œil mourant, qu'il referme soudain.
Le ciel, dit-il, m'arrache une innocente vie.
Prends soin après ma mort de la triste Aricie.
Cher ami, si mon père un jour désabusé[2]
Plaint le malheur d'un fils faussement accusé,
1565 *Pour apaiser mon sang, et mon ombre plaintive,*
Dis-lui, qu'avec douceur il traite sa captive,
Qu'il lui rende... À ce mot ce héros expiré[3]
N'a laissé dans mes bras qu'un corps défiguré,
Triste objet, où des dieux triomphe la colère,
1570 Et que méconnaîtrait[4] l'œil même de son père.

THÉSÉE

Ô mon fils! cher espoir que je me suis ravi!
Inexorables dieux, qui m'avez trop servi!
À quels mortels regrets ma vie est réservée!

THÉRAMÈNE

La timide Aricie est alors arrivée.

---

1. Où se trouvent les ossements des rois, ses ancêtres morts.
2. Détrompé.
3. Ayant rendu le dernier soupir.
4. Que ne reconnaîtrait pas.

1575 Elle venait, Seigneur, fuyant votre courroux,
     À la face des dieux l'accepter pour époux.
     Elle approche. Elle voit l'herbe rouge et fumante.
     Elle voit (quel objet pour les yeux d'une amante!)
     Hippolyte étendu, sans forme et sans couleur.
1580 Elle veut quelque temps douter de son malheur,
     Et ne connaissant[1] plus ce héros qu'elle adore,
     Elle voit Hippolyte, et le demande encore.
     Mais trop sûre à la fin qu'il est devant ses yeux,
     Par un triste regard elle accuse les dieux,
1585 Et froide, gémissante, et presque inanimée,
     Aux pieds de son amant elle tombe pâmée.
     Ismène est auprès d'elle. Ismène toute en pleurs
     La rappelle à la vie, ou plutôt aux douleurs.
     Et moi, je suis venu détestant la lumière[2]
1590 Vous dire d'un héros la volonté dernière,
     Et m'acquitter, Seigneur, du malheureux emploi,
     Dont son cœur expirant s'est reposé sur moi.
     Mais j'aperçois venir sa mortelle ennemie.

---

1. Reconnaissant.
2. Maudissant la vie.

Scène dernière

THÉSÉE, PHÈDRE,
THÉRAMÈNE, PANOPE, gardes

THÉSÉE

Eh bien vous triomphez, et mon fils est sans vie.
1595 Ah que j'ai lieu de craindre ! Et qu'un cruel soupçon
L'excusant dans mon cœur, m'alarme avec raison !
Mais, Madame, il est mort, prenez votre victime.
Jouissez de sa perte injuste, ou légitime.
Je consens que mes yeux soient toujours abusés,
1600 Je le crois criminel, puisque vous l'accusez.
Son trépas à mes pleurs offre assez de matières,
Sans que j'aille chercher d'odieuses lumières,
Qui ne pouvant le rendre à ma juste douleur,
Peut-être ne feraient qu'accroître mon malheur.
1605 Laissez-moi loin de vous, et loin de ce rivage
De mon fils déchiré fuir la sanglante image.
Confus[1], persécuté d'un mortel souvenir,
De l'univers entier je voudrais me bannir.
Tout semble s'élever contre mon injustice.
1610 L'éclat de mon nom même augmente mon supplice.
Moins connu des mortels je me cacherais mieux.
Je hais jusques au soin dont m'honorent les dieux.
Et je m'en vais pleurer leurs faveurs meurtrières,
Sans plus les fatiguer d'inutiles prières.

---

1. Bouleversé.

1615 Quoi qu'ils fissent [1] pour moi, leur funeste bonté
Ne me saurait payer de ce qu'ils m'ont ôté.

PHÈDRE

Non, Thésée, il faut rompre un injuste silence ;
Il faut à votre fils rendre son innocence.
Il n'était point coupable.

THÉSÉE

Ah père infortuné !
1620 Et c'est sur votre foi que je l'ai condamné !
Cruelle, pensez-vous être assez excusée...

PHÈDRE

Les moments me sont chers [2], écoutez-moi, Thésée.
C'est moi qui sur ce fils chaste et respectueux
Osai jeter un œil profane, incestueux [3].
1625 Le ciel mit dans mon sein une flamme funeste.
La détestable Œnone a conduit tout le reste.
Elle a craint qu'Hippolyte instruit de ma fureur
Ne découvrît [4] un feu qui lui faisait horreur.
La perfide abusant de ma faiblesse extrême,
1630 S'est hâtée à vos yeux de l'accuser lui-même.
Elle s'en est punie, et fuyant mon courroux
A cherché dans les flots un supplice trop doux.
Le fer aurait déjà tranché ma destinée.
Mais je laissais gémir la vertu soupçonnée.

---

1. Quoi qu'ils puissent faire.
2. Me sont comptés.
3. L'amour que Phèdre porte à Hippolyte est adultère et considéré comme incestueux (elle aime le fils de son époux).
4. Ne rendît public.

1635 J'ai voulu, devant vous exposant mes remords,
Par un chemin plus lent descendre chez les morts.
J'ai pris, j'ai fait couler dans mes brûlantes veines
Un poison que Médée[1] apporta dans Athènes.
Déjà jusqu'à mon cœur le venin parvenu
1640 Dans ce cœur expirant jette un froid inconnu ;
Déjà je ne vois plus qu'à travers un nuage
Et le ciel, et l'époux que ma présence outrage ;
Et la mort à mes yeux dérobant la clarté
Rend au jour, qu'ils souillaient, toute sa pureté.

PANOPE

1645 Elle expire, Seigneur.

THÉSÉE

D'une action si noire
Que ne peut avec elle expirer la mémoire !
Allons de mon erreur, hélas ! trop éclaircis
Mêler nos pleurs au sang de mon malheureux fils.
Allons de ce cher fils embrasser ce qui reste,
1650 Expier la fureur d'un vœu que je déteste.
Rendons-lui les honneurs qu'il a trop mérités.
Et pour mieux apaiser ses mânes irrités,
Que malgré les complots d'une injuste famille[2]
Son amante aujourd'hui me tienne lieu de fille.

---

1. Médée, terrible magicienne, avait été accueillie à Athènes par Égée, père de Thésée.
2. Les Pallantides, d'où descend Aricie.

Annexes

ARBRE GÉNÉALOGIQUE

Héphaïstos

La Terre — Le Ciel

Cronos — Le Soleil — Taureau

Jupiter — Minos — Pasiphaé — Minotaure

Érechthée — Pandion

Pallante (ou Pallas)

Pitthée

Égée — Aethra

Pallantides

ARICIE
Personnage inventé par Racine

THÉSÉE — PHÈDRE — Ariane

Antiope

HIPPOLYTE

Acamas — Démophon

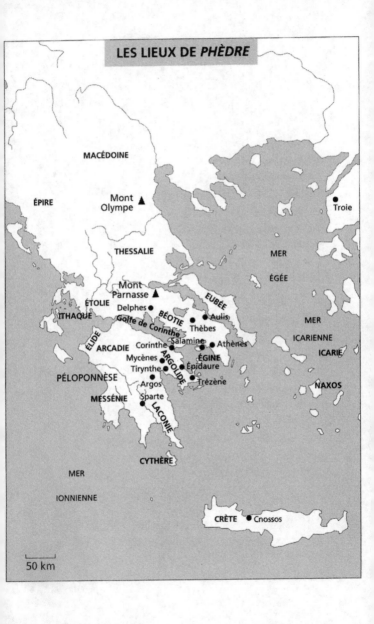

LES LIEUX DE *PHÈDRE*

Du tableau

au texte

Agnès Verlet

Du tableau au texte

Phèdre
d'Alexandre Cabanel

… Trois figures féminines composent ce tableau au sujet anecdotique…

Une femme à demi nue, allongée sur un sofa dans une pose alanguie, le regard perdu. La nudité et la blancheur de son corps sont voilées par un tissu vaporeux qui en révèle et en masque les formes. Adossée au lit, une autre femme endormie, qui, assise par terre, devait veiller mais s'est abandonnée au sommeil. Au pied du lit, le visage tourmenté et les mains nouées sur les genoux, une vieille femme, debout, courbée, regarde la femme langoureuse qui gît sur le sofa. Trois figures féminines composent ce tableau au sujet anecdotique, exécuté par Alexandre Cabanel (1823-1889). La figure mythique de Phèdre, qui donne son titre à cette œuvre de 1880, occupe le centre de cette composition très théâtrale, qui illustre un thème conventionnel de la tragédie classique. Nous sommes au moment le plus dramatique de la pièce, quand Phèdre vient d'avouer son amour à Hippolyte, et qu'elle se dit accablée d'une passion criminelle contre laquelle elle ne peut lutter. Son corps étendu dénote à la fois l'abandon amoureux, la faiblesse morbide, la passivité face au destin. La décoration très recherchée de la chambre, avec le lit sculpté et orné, les colonnes et le pavement, la statue centrale, les coussins, les tissus, les peaux de bête au sol, suggère la richesse de celle qui est reine et épouse de Thésée, le guerrier valeureux dont le casque et le bouclier sont suspendus au mur. Mais le désordre du tapis et la chute anarchique des voiles qui dissimulent à peine le corps de Phèdre reflètent son état de bouleversement intérieur et de trouble physique. Les deux femmes présentes auprès d'elle incarnent cette ambivalence : la suivante, jeune femme de type oriental, qui pourrait être Panope dans la pièce de Racine, semble se laisser aller au sommeil, et peut-être au rêve d'amour ; la vieille femme qui veille est la nourrice, Œnone chez Racine ; elle manifeste envers Phèdre des sentiments mêlés de compassion, d'horreur, de crainte, de douleur. Le tableau représente ainsi trois types de femmes, caractérisées par des expressions et des émotions différentes. Le thème de cette œuvre inspirée du théâtre classique, le décor à l'orientalisme discret, la décoration conventionnelle, le traitement du nu et des costumes, la technique picturale firent le succès d'un artiste qui est le représentant le plus brillant de la peinture académique du XIXᵉ siècle en sa seconde moitié.

… l'opposition de deux courants antagonistes, l'art pompier et l'avant-garde…

Alexandre Cabanel, en effet, a exécuté cette grande toile plus large que haute (2,86   1,94 m) pour le

Salon de 1880 où elle fut diversement appréciée. Très à la mode sous le second Empire, Cabanel fut le peintre officiel de Napoléon III qui lui acheta son œuvre la plus célèbre, *La Naissance de Vénus*, en 1863, l'année même où *Le Déjeuner sur l'herbe* de Manet fit scandale au Salon dit des Refusés, où il fut exposé pour avoir été rejeté par le jury (dont faisait partie Cabanel). Prix de Rome, membre de l'Institut, de l'Académie des Beaux-Arts, et des jurys du Salon, Cabanel représente l'art académique du XIXe siècle, cet art décoratif que l'on appelait « pompier » et qui répondait au goût des notables au pouvoir pour un art plus conventionnel que novateur.

L'historien d'art Jacques Thuillier a retracé le parcours de ce terme péjoratif, qui caractérise les grandes peintures néoclassiques de l'école de David, dans lesquelles les Romains étaient coiffés de casques éclatants (semblables à ceux des pompiers). Les peintres pompiers étaient accusés de faire une peinture léchée, apprise dans une école des Beaux-Arts, puisant ses sujets dans l'Histoire, comme par exemple *Les Romains de la décadence* de Thomas Couture (1847). Ce terme à l'origine incertaine qualifie également, par confusion étymologique, un « artiste prétentieux et vain qui use d'un style ampoulé, d'un style pompeux ». Il finit par désigner, chez les critiques, l'art académiste et officiel du second Empire et de la IIIe République. Pendant la deuxième moitié du XIXe siècle, au moment où la peinture réaliste et impressionniste choque le goût du public et suscite la polémique, la critique d'art est même déterminée par l'opposition de deux courants antagonistes, l'art pompier et l'avant-garde, représentés respectivement par Alexandre Cabanel d'une part,

Gustave Courbet et Édouard Manet de l'autre : « Du côté du "pompier", analyse Thuillier, la raideur officielle, l'expression figée, mais aussi la sécurité et la tradition avec ce qu'elle comporte de science et de certitude ; de l'autre, la flamme de l'enthousiasme, la hardiesse de la recherche, mais aussi les dangers de l'aventure, l'inexpérience, la destruction irréfléchie. » L'art vivant et créateur, qui se confond souvent avec le « plein air » de l'école de Barbizon et du mouvement impressionniste, tendrait alors à rompre avec l'art officiel, et ce clivage s'accentue en 1863, avec le scandale du *Déjeuner sur l'herbe* de Manet.

Mais si une telle opposition dure jusqu'à la guerre de 1914, la réhabilitation des symbolistes, et particulièrement de Gustave Moreau, opérée par les surréalistes, puis la réflexion artistique de ces trente dernières années et les partis pris par le musée d'Orsay dans le choix des œuvres exposées ont progressivement remis en cause la notion d'avant-garde, et par là même l'appellation injurieuse de « pompier ». Inversement, contrairement à une idée reçue, il apparaît que les impressionnistes, loin d'être des révolutionnaires de la peinture, s'inscrivaient directement dans une tradition picturale héritière de François Boucher et de Jean-Baptiste Camille Corot. Si l'opposition avant-garde/pompier est un instrument d'analyse commode (au même titre que le couple classique/baroque), il est évident que l'on peut rencontrer les deux styles chez un même peintre, Dominique Ingres ou Auguste Renoir, par exemple, pouvant se montrer alternativement l'un ou l'autre selon les sujets. Il est peut-être plus prudent de réserver le terme de pompier à la grande masse de la production artistique qui commence à

la révolution de 1848 et s'éteint avec la Première
Guerre mondiale, dont les sujets sont finalement
assez variés : inspiration historique, antique ou religieuse, contenu souvent littéraire, tradition du nu,
intérêt pour la réalité quotidienne, engagement
social... Le tableau de *Phèdre* est donc à envisager
dans cette perspective historique, et avec toute son
ambivalence, parce qu'il correspond à un aspect
important de la création artistique au XIXe siècle. Il
convient de le regarder comme un morceau de peinture authentique, qui ne doit pas être systématique-
ment dénigré, du fait qu'il est contemporain de
l'impressionnisme dont l'influence est dominante,
d'un point de vue esthétique.

*... La douleur de Phèdre est ici une façon détournée
de peindre le corps féminin...*

Dans ce contexte, c'est évidemment d'abord le
personnage éponyme qui intéresse le peintre et le
spectateur. Peintre académiste, Cabanel représente
souvent le nu féminin, mais en le dissimulant sous
l'alibi de l'allégorie, de la mythologie ou de l'Histoire : depuis l'*Albaydé* jusqu'à sa *Phèdre*, toute sa
peinture est empreinte d'un érotisme diffus. La
douleur de Phèdre est ici une façon détournée de
peindre le corps féminin, le nu, dont la représentation est une convention. Mais depuis le début du
siècle et la vogue de l'Antiquité néoclassique, le
modèle du corps féminin est celui de la statuaire
antique. Cabanel s'est rendu célèbre avec des sujets
mythologiques, la *Nymphe enlevée par un faune*, en
1861, et plus encore, *La Naissance de Vénus*, en 1863,

où le corps de la déesse, « que sa blancheur défend »,
est nimbé d'écumes et de nuages. Ce goût un peu
désuet pour la mythologie, cette idéalisation suran-
née du corps féminin provoqua les sarcasmes des critiques de l'époque, davantage attirés par le réalisme
et le naturalisme : « Vénus à la crème » pour Huys-
mans, « sorte de pâte d'amande rose et blanche »
pour Zola, « peinture bonne à faire des dessus de
porte » pour Maxime Du Camp, « objet cotonneux
et précieux » pour tel autre, le chef-d'œuvre de
Cabanel suscita des critiques acerbes, et tout au plus
l'indulgence de Théophile Gautier et des frères
Goncourt, le silence total de Charles Baudelaire (qui
est très parlant). La *Phèdre* de 1880 est d'une autre
nature, car si le corps apparaît dans une nudité à
peine dissimulée, il est loin d'avoir la perfection
canonique de la Vénus antique. Cette femme aux
hanches et aux seins assez lourds, aux yeux cernés,
n'est pas une déesse, et la blancheur de son corps,
légèrement ombré, est un effet de la recherche picturale et non d'une quelconque idéalisation. C'est
même le traitement de la couleur blanche, au centre
d'un tableau aux tonalités sombres, qui donne sa
force à la toile. Car si, chez Cabanel, le dessin et
le souci du détail l'emportent souvent sur la couleur, on perçoit pourtant une dominante, le jaune
acide d'*Albaydé*, les rouges des *Chiaruccia*, le travail
subtil des blancs dans *Phèdre*. C'est d'ailleurs cette
recherche coloriste que remarque le poète Bernard
Noël, dans son très beau livre *Les Peintres du désir*,
quand il choisit de reproduire dans l'œuvre de Cabanel, « sa Phèdre aux hanches larges un peu lourdes
mais si admirablement drapées de blanc et de
lumière qu'elles gagnent un supplément d'attrait à

cette dissimulation ». Au moment où Manet faisait scandale avec *Le Déjeuner sur l'herbe*, le corps d'albâtre de Phèdre peut sembler d'un érotisme très édulcoré. Cet érotisme, certes voilé, est ambigu. L'ambiguïté apparaît peu à peu comme la caractéristique de ce que Bernard Noël appelle le «corps fabuleux», dans un chapitre où il montre comment, en peinture, le sujet anecdotique doit rendre visible un récit, donner à voir un déroulement narratif qui est fait pour être écouté ou lu, ce qui revient à «l'arracher au temps et l'arracher à l'invisible pour l'incarner dans une image. Cette image n'utilise pas la ressemblance pour s'éloigner du réel, comme fait d'habitude la représentation, mais pour revenir vers lui. En apparence, l'image fabuleuse (narrative) et l'image fictive sont pareillement formées, et pourtant elles le sont en sens inverse : la première extériorise une vision intérieure, l'autre joue l'extérieur à l'intérieur ».

… Cabanel puise ses sujets dans la mythologie, la Bible, l'Antiquité, et le Moyen Âge…

L'extériorisation de la vision est ici rendue par la mise en scène et la gestuelle, et c'est par là que le peintre se plie aux règles de l'académisme. Pour ses peintures d'Histoire comme pour ses portraits, Cabanel puise habituellement ses sujets dans la mythologie, la Bible, l'Antiquité, et le Moyen Âge, mais aussi la simple anecdote pseudo-historique. L'année de *Phèdre*, il a peint *La Fille de Jephté*, et quelques années plus tard, *Cléopâtre expérimentant du poison sur les condamnés à mort* (1887). Mais l'audace du peintre est peut-être d'avoir représenté Phèdre au lit, « consumée sur un lit de douleur », tel qu'il la décrit, après l'aveu d'une passion coupable considérée comme un adultère. Pourtant, si le sujet est emprunté à la fois à l'Antiquité classique et à la tradition théâtrale, il est traité selon les conventions du genre théâtral en peinture, comme un mélodrame muet, avec une certaine outrance dans les attitudes. Cette théâtralité académiste est visible dans la position de Phèdre, dont l'un des bras est replié pour soutenir le front, l'autre mollement reposé sur le bord du lit : on sent ici la pose du modèle auquel on a demandé une certaine gestuelle. Il en est de même du visage placide, au regard inexpressif qui contraste évidemment avec le tourment de Phèdre après l'aveu de sa passion. Or, paradoxalement, cette figure de femme n'est pas un modèle, mais l'épouse de l'un des frères Pereire, riche famille de banquiers parisiens dont Cabanel décora l'hôtel particulier et reçut la commande de plusieurs portraits. Il est évidemment étrange que le peintre, dont les portraits faisaient la gloire des bourgeois du second Empire et de la IIIᵉ République, ait ainsi représenté une femme de banquier en Phèdre, ou en femme adultère, à l'époque où Sarah Bernhardt triomphait dans le rôle qu'elle jouait à la Comédie-française depuis 1872. On peut penser que Cabanel, qui aimait exécuter des portraits de femmes élégantes, aux décolletés avantageux, en faisant jouer la pâleur des chairs, l'éclat des bijoux, la richesse des étoffes, la sensualité des fourrures, ait seulement trouvé un prétexte mythologique pour représenter nue la femme du riche banquier.

Et si l'une des caractéristiques de l'art « pompier »

est le souci de la décoration, Cabanel réussit une mise en scène très sophistiquée, soutenue par son érudition. Plus dessinateur que coloriste, dans une tradition ingresque, il s'attache au détail pittoresque. Pour respecter les conventions de l'antique, il met en valeur le corps de Phèdre en l'entourant d'un décor recherché, qui situe la figure centrale dans son univers mythique : le cadre du lit avec ses motifs doriques, les armes de bronze suspendues au mur, le socle orné de la sculpture, dont on n'aperçoit que le plissé de la toge, tous ces éléments connotent l'Antiquité grecque. Mais ce goût antiquisant est également empreint d'un certain orientalisme, visible dans le traitement des tissus, soieries, mousselines, draperies, broderies, dont les couleurs chaudes brunes, ocre, mordorées entrent en harmonie avec les blancs, gris et bleu turquoise. La couleur turquoise, qui rappelle l'Orient, est présente sur les décorations du lit, le tissu soyeux du traversin, et la ceinture de la suivante. Elle s'associe à l'or, dont l'éclat un peu rougeâtre éclaire le décor de la chambre, tout en signifiant la richesse et le luxe oriental. La couleur mordorée illumine le fond sombre du tableau, et donne du relief aux armes accrochées et à la sculpture, mais aussi au tapis de peau animale qui recouvre l'estrade du lit, au premier plan.

... la Phèdre propose au spectateur une grande diversité d'esthétiques...

La théâtralité de la scène est soulignée par la présence des deux suivantes, qui donnent au peintre l'occasion de représenter d'autres figures de femmes et d'étudier des expressions différentes. La femme assise par terre, une servante, correspond au type de la femme orientale, au corps lourd, à la peau mate, aux cheveux noirs : la sensualité, la nonchalance et la paresse font partie des clichés de l'orientalisme développés par les artistes et écrivains qui voyageaient en Orient depuis le début du siècle. Les peintres Ingres, et surtout Delacroix, ont développé ces thèmes dont Baudelaire s'est fait l'écho. Les cheveux noirs tressés de cette femme mettent en évidence la grâce un peu épaisse de son visage et de son cou, la sensualité de son épaule que dévoile le drapé négligent d'une étole de soie. Le peintre insiste sur cette sensualité pleine de flegme en accentuant la position du corps livré au sommeil, l'abandon de la tête au bord du lit, la décontraction des mains endormies. La figure féminine de droite, au contraire, dans son attitude horrifiée, veille sur Phèdre, comme son statut de nourrice l'y invite. Son personnage correspond à une autre tradition picturale, celle de la vieille femme, souvent présente dans la peinture de Delacroix, dont Baudelaire remarque qu'elle porte toutes les douleurs du monde. Par sa présence attentive, elle contraste avec la femme alanguie et la femme endormie. Mais ses mains croisées sur ses genoux, pour lesquelles Cabanel a fait plusieurs esquisses et croquis, son visage marqué, sa gestuelle expressive sont empruntés également à Michel-Ange, que Cabanel admirait beaucoup : elle s'apparente aux prophétesses peintes dans les écussons de la grande fresque de la Création, au plafond de la chapelle Sixtine, la Sibylle ou la Pythie, vieilles femmes comme cette nourrice de Phèdre, dont l'âge est la garantie du savoir et de l'expérience. Elle connaît les conséquences de l'aveu de Phèdre, elle sait le tragique de son destin fatal dont le personnage d'Œnone ne supportera pas l'horreur. Comme la Sibylle de la Sixtine, elle a un corps assez massif, des épaules, des bras, des pieds plutôt virils. Sa lourdeur physique est accentuée par la simplicité de sa tunique et de ses sandales, la rusticité du voile noir qui lui recouvre la tête et le corps. Ses cheveux gris, son expression tourmentée, sa posture en déséquilibre, sa place en retrait lui donnent une très grande présence et en font un beau morceau de peinture.

Au-delà des conventions du genre antiquisant et de la peinture académiste, force est de constater que la *Phèdre* propose au spectateur une grande diversité d'esthétiques, de styles, de points de vue. Zola, qui détestait particulièrement Cabanel à qui il reprochait sa carrière académique et son statut officiel, mais aussi son hostilité à l'égard de Manet et des impressionnistes, a accablé cette toile de moqueries lors de son exposition au Salon de 1880 : « Voyez cette misère. Voilà M. Cabanel avec une Phèdre. La peinture en est creuse comme toujours, d'une tonalité morne où les couleurs vives s'attristent elles-mêmes et tournent à la boue. Quant au sujet, que dire de cette Phèdre sans caractère, qui pourrait être aussi bien Cléopâtre que Didon ? C'est un dessus de pendule quelconque, une femme couchée, et qui a l'air fort maussade. Cela est faux de sentiment, faux d'observation, faux de facture. » Cette condamnation sans appel, au nom du réalisme, paraît maintenant injuste, et le musée Fabre de Montpellier, qui est fier de posséder cette œuvre du peintre natif de la ville, ne saurait y souscrire.

Certes, la Phèdre de Cabanel n'a pas la sensualité des peintures de Boucher ou des sculptures de Clodion dont l'artiste se prévalait. Certes, elle est très éloignée du *Déjeuner sur l'herbe* ou de l'*Olympia*, qui choquèrent le public parce que, contrairement au « corps fabuleux » qui se voile derrière l'anecdote ou le prétexte mythologique, ces corps de femmes nues ne représentaient que des corps nus, sans alibi, comme l'analyse remarquablement Bernard Noël : « L'Olympia de Manet ne ressemble à aucune des allongées qui la précèdent… Elle faisait simplement peur parce que n'étant pas couchée dans une histoire ni couverte par un personnage, il n'y avait rien à en dire, à moins de dire ce qu'on voyait. Jusque-là, les peintres visualisaient un récit ou une situation, en tout cas faisaient semblant. Avec cette Olympia, la nudité est enfin le corps parce qu'elle ne donne rien d'autre à voir que ce qu'on voit. » Pourtant, le même critique, qui choisit de représenter au centre de son livre plusieurs tableaux académistes, constate avec humour que la peinture la plus conventionnelle se laisse parfois dépasser par son objet, comme c'est le cas ici de Cabanel qui, parfois prisonnier d'un système et d'un style, s'en échappe, pour le bonheur du spectateur : « L'image "pompier" sert les appétits de la classe au pouvoir et non pas ceux de la peinture, mais il arrive que la peinture se venge à travers l'habileté du peintre. »

Le texte

en perspective

Ève-Marie Rollinat-Levasseur

Mouvement littéraire
L'âge d'or
du théâtre français

TRAGÉDIE INCARNANT LA PROFONDEUR et la
puissance de l'esthétique classique, dernière pièce
profane de Racine, *Phèdre* semble à elle seule mar-
quer l'apogée du théâtre français et d'un siècle
fasciné par les pouvoirs de l'illusion dramatique.
En 1677, en effet, Louis XIV est déjà pleinement le
Roi Soleil. Et il reste un jeune roi amoureux des arts,
de la danse et du théâtre. Non seulement il a théâ-
tralisé la vie de cour ainsi que la monarchie tout
entière, mais son goût pour les divertissements
pousse aussi tous les artistes à rivaliser les uns avec
les autres. Auteurs dramatiques et comédiens sont
donc en concurrence pour porter le théâtre à son
sommet : tel est le plaisir du prince ! L'engouement
du public pour ce genre littéraire et spectaculaire
suit. Le théâtre est le loisir à la mode : les spectateurs
ne cessent de demander des pièces nouvelles et
revoient volontiers plusieurs fois la même œuvre ; les
lecteurs attendent impatiemment leur publication.
Tout va pourtant bientôt changer. Racine, nommé
historiographe du roi la même année, se détourne
de l'écriture dramatique pour se consacrer à cette
haute fonction. Louis XIV se détache peu à peu des

plaisirs profanes, devenant dévot. Ceux qui dénoncent le théâtre parce qu'ils le jugent dangereux et immoral semblent en effet se faire entendre. Cependant, en cette fin de siècle, le théâtre a achevé son institutionnalisation. En témoigne en 1680 la création de la Comédie-Française par ordre du roi : il souhaite que les meilleurs comédiens puissent continuer à jouer les grandes œuvres du répertoire. *Phèdre* est ainsi la première tragédie donnée au public par cette jeune troupe. Aller au théâtre et lire des pièces font désormais bien partie des pratiques culturelles françaises.

1.

Le règne du théâtre

1. *La « Restauration du théâtre français »*

L'une des périodes les plus brillantes du théâtre français s'ouvre au XVIIᵉ siècle. C'est sous Louis XIII, tout d'abord, avec l'action du cardinal de Richelieu, que le théâtre gagne un prestige sans précédent en France. Richelieu, qui aime lui-même passionnément le théâtre, incite les plus grands auteurs à écrire pour la scène et à lui donner des œuvres dramatiques dignes d'apporter de l'éclat au royaume. Il s'entoure d'hommes de lettres qu'il encourage à réfléchir sur l'esthétique théâtrale : entre 1630 et 1640, leurs débats et leurs querelles contribuent à élaborer la doctrine classique. Richelieu donne ainsi l'impulsion à la «Restauration du théâtre» : il la soutient encore en mettant en place un système de mécénat royal pour récompenser les mérites de chacun. De son côté, Louis XIII réhabilite les comédiens, que leur profession mettait auparavant au ban de la société. Plusieurs troupes peuvent dès lors s'installer à Paris, qui devient aussitôt le centre de la vie théâtrale française.

Toutes ces hautes protections anoblissent le théâtre. Désormais, voir une représentation est un loisir honorable, tant pour les hommes que pour les femmes. Plus encore, se rendre à une fête où sera donnée une pièce, aller au théâtre, s'y montrer, y être vu, c'est participer au faste royal. Car le renouveau de l'art dramatique est étroitement associé à son utilisation politique : c'est le moment où Richelieu rétablit l'autorité royale. Nouveau phare de la vie sociale, le théâtre conquiert un public qu'il divertit : il amuse les spectateurs et les détourne de toute autre préoccupation éventuellement séditieuse. Les représentations rassemblent en effet les sujets du roi et leur donnent à admirer un art qui fait toute la gloire du royaume. Par un subtil jeu de miroir, le théâtre reflète ainsi le rayonnement du pouvoir royal et renvoie à la société assemblée l'image de son émerveillement devant l'éclat de la monarchie française.

2. *Le goût des divertissements et la consécration du théâtre*

Après les troubles de la Fronde et avec sa prise effective du pouvoir, Louis XIV relance la mode du théâtre. Le jeune roi aime follement tous les divertissements. Il danse lui-même ; il se déguise comme un comédien le ferait ; il adore la musique, et surtout celle de Lully, qui inventera pour lui l'opéra français ; et il se passionne pour la comédie-ballet, tout comme pour la tragédie et la comédie. Mais surtout, Louis XIV organise des fêtes somptueuses pour lesquelles il demande aux dramaturges les plus illustres de composer des divertissements et des œuvres théâtrales. Parmi ceux-ci, Corneille, Molière et Racine, notamment, ont à répondre aux commandes royales. La tragédie de Racine *Iphigénie* est ainsi créée lors des six journées de splendides fêtes données à Versailles en 1674 pour célébrer la conquête de la Franche-Comté. Pendant tout le temps de la longue construction du magnifique château de Versailles, Louis XIV donne en effet son règne en spectacle : de tels événements manifestent la toute-puissance royale en éblouissant les courtisans. Mais en retour, et même si les représentations dramatiques en elles-mêmes ne sont qu'un des extraordinaires divertissements qui composent ces fêtes, le théâtre bénéficie du prestige qui lui est accordé par la faveur du roi.

La consécration du théâtre par le roi se réalise autant à la cour qu'à la ville : dès 1661, c'est-à-dire dès le début de son règne personnel, lequel coïncide presque avec la création des premières pièces de Jean Racine, Louis XIV fréquente lui-même les théâtres parisiens, ce qui contribue à assurer leur notoriété. Si la cour et les Parisiens se rencontrent dans cet amour du théâtre, c'est aussi que s'impose sur la scène française une esthétique qui rejoint le goût de l'honnête homme : l'illusion théâtrale, des œuvres qui respectent les bienséances et la vraisemblance, mais aussi l'expression de la créativité, de l'inventivité et même de la fantaisie des génies de leur siècle, voilà ce qui plaît à cette société qui prend le roi et sa cour pour modèles. Nobles, bourgeois aisés et cultivés se reconnaissent à travers les personnages dont ils découvrent les passions. Mais un public plus large vient aussi s'émouvoir avec les héros tragiques ou rire des personnages comiques : valets, pages, boutiquiers, artisans, étudiants envahissent le parterre des salles de théâtre, voulant eux aussi se mêler à cette activité sociale de premier plan. Aller au théâtre, ce n'est donc pas seulement voir une pièce : c'est participer activement à la vie sociale du siècle de Louis XIV. Et si Paris est définitivement la capitale du théâtre français, en province, les lecteurs et les troupes ambulantes se montrent à l'affût des nouveautés de la scène parisienne : le succès des éditions théâtrales témoigne d'une véritable diffusion des œuvres dramatiques sur tout le territoire.

2.

Vitalité de la création théâtrale

1. *Théâtres et troupes*

Depuis 1658, trois théâtres se partagent les faveurs du public. Rassemblant les « Grands-Comédiens », ceux qui ont gagné le titre de « Troupe Royale », l'Hôtel de Bourgogne a fait du répertoire tragique son domaine de prédilection. Le théâtre du Marais, où le célèbre acteur Montdory a interprété les plus grandes pièces de Corneille, se spécialise dans les pièces à machines, c'est-à-dire dans les mises en scène spectaculaires, après son incendie en 1644, car sa salle a alors été reconstruite à cet effet. Le théâtre du Palais-Royal est enfin attribué par Louis XIV à la troupe de Molière qui doit la partager avec les Comédiens-Italiens : c'est de l'étroite fréquentation de ces deux troupes que naissent le renouvellement du répertoire comique ainsi que celui du jeu des acteurs. La stabilité de ces théâtres tient avant tout à la protection royale qui accorde aux comédiens des pensions et subventions, même si la faveur du roi n'est pas égale pour tous et qu'elle peut être capricieuse. De leur côté, les auteurs dramatiques bénéficient aussi de la systématisation du mécénat sous Louis XIV : ils ne dépendent plus matériellement des troupes pour qui ils composent, et les récompenses royales leur permettent, s'ils le souhaitent, de se consacrer à l'écriture dramatique pour faire une carrière à succès dans le théâtre.

L'installation de ces troupes et leur reconnaissance institutionnelle comme celle des dramaturges leur donnent un dynamisme sans pareil : loin de se figer dans leur organisation ou dans leur répertoire, les comédiens se livrent en effet à une concurrence acharnée. Ainsi les théâtres ne reculent-ils devant rien pour débaucher un acteur ou s'attacher un auteur. Mlle Du Parc, qui a fait ses débuts avec Molière, par exemple, est débauchée par le théâtre du Marais en 1659 sur les instances de Pierre et de Thomas Corneille, qu'elle subjugue. Puis, alors qu'elle a réintégré la troupe de Molière et qu'elle en est une des plus grandes interprètes, que ses qualités de danseuse lui ont assuré une renommée certaine, en 1666, elle quitte à nouveau brutalement l'auteur du *Misanthrope*. L'Hôtel de Bourgogne est parvenu à l'attirer : Mlle Du Parc rejoint ce théâtre dans l'espoir d'acquérir une gloire immortelle en jouant les plus grands rôles tragiques, à commencer par celui d'Andromaque, héroïne d'un jeune auteur prometteur, Racine.

2. Concurrence et émulation

Toujours aux aguets de ce que joue la concurrence, les troupes s'épient les unes les autres et prennent volontiers le risque de s'affronter publiquement. Elles font ainsi composer les auteurs qui leur sont attachés sur des sujets semblables. Elles peuvent même aller s'arracher un dramaturge et l'œuvre qu'il compose. En décembre 1665, la troupe de Molière crée la deuxième tragédie de Racine, *Alexandre*. Quelques jours plus tard, l'Hôtel de Bourgogne donne la même pièce et avec grand succès, puisque le répertoire tragique est leur spécialité. Racine a en effet donné à jouer son œuvre à Molière puis, parallèlement et secrètement, aux Grands-Comédiens, voyant quel profit personnel il peut tirer de la rivalité de ces deux troupes : le scandale et la renommée des acteurs de l'Hôtel de Bourgogne contribuent à le consacrer comme auteur tragique.

La guerre des théâtres permet donc de mettre en émulation les auteurs. Les doublets sont plus qu'une mode : ils répondent à un public friand de voir comment des dramaturges contemporains peuvent traiter d'un même sujet. Une semaine après la création de *Bérénice* de Racine par l'Hôtel de Bourgogne, en novembre 1670, Molière donne une autre *Bérénice*, celle du grand Corneille, qui va être publiée sous le titre de *Tite et Bérénice*. Après la création triomphale à la cour d'*Iphigénie* de Racine, deux autres auteurs — Le Clerc et Coras —, au printemps de 1675, ont composé à la hâte une tragédie sur le même épisode mythologique pour la faire jouer par le théâtre du Palais-Royal quand l'Hôtel de Bourgogne représenterait à Paris celle de Racine. Ce dernier obtient l'interdiction de la pièce concurrente et c'est un échec pour ses rivaux. En 1677, quand Racine entreprend d'écrire *Phèdre*, un autre dramaturge, Pradon, est incité par Mme de Bouillon, qui tient salon, à composer une tragédie pour l'éclipser : malgré les complots mondains, *Phèdre et Hippolyte* ne parvient cependant pas à faire longtemps de l'ombre à la dernière tragédie profane de Racine.

Ces mouvements et rebondissements du théâtre animent toute la petite société parisienne. Car les succès ne se font pas qu'à l'épreuve de la scène : le théâtre, au XVIIᵉ siècle, est le fruit d'une création collective à laquelle participent les dramaturges et les comédiens, en premier lieu, mais aussi leur public. Tel personnage important peut souffler un sujet à un auteur. Dans une épître dédicatoire, Racine remercie ainsi Henriette d'Angleterre des «lumières» qu'elle lui a données pour la conduite d'*Andromaque* : le dramaturge a vraisemblablement proposé à la princesse et à son cercle des lectures de cette tragédie, comme cela se faisait souvent dans les salons au moment de l'écriture d'une œuvre, et peut-être même Racine a-t-il suivi les conseils de tel ou tel membre de l'assistance. La prédiffusion des œuvres, ou le fait que leur auteur ou quelque acteur ait des liens d'amitié avec un salon, assure donc une publicité aux pièces avant même leur création. Cela influe aussi dans la diffusion de leur succès. Et les cabales littéraires naissent autant dans les salons qu'au théâtre : c'est dans les âpres discussions entre amis que se jouent en partie la carrière des œuvres données à la scène. C'est aussi des salons que part l'abondante littérature critique et pamphlétaire qui accompagne la création des œuvres : en effet, au-delà des intrigues mondaines principalement liées aux inimitiés et aux haines personnelles, toute une réflexion théorique et poétique sur le théâtre s'élabore en ville, parallèlement aux représentations.

3. *Une activité en plein essor : l'édition théâtrale*

Cet enthousiasme collectif explique enfin le succès des éditions théâtrales au XVIIᵉ siècle. Depuis la publication rapide par Corneille de sa tragico-médie, en 1637, avec la querelle du *Cid*, les dramaturges ont pris l'habitude de faire imprimer leurs pièces à peine quelques mois après leur création sur la scène (auparavant, ils devaient attendre l'autorisation de la troupe à qui ils avaient donné leur pièce et qui en avait l'exclusivité). Le marché de l'édition théâtrale ne fait que croître : à côté d'éditions luxueuses, des petits livres à faible prix se multiplient et se vendent bien. La demande des lecteurs est même tellement forte que nombre d'éditeurs sans scrupules n'hésitent pas à faire paraître des copies pirates avec un texte qu'ils ont dérobé à l'auteur ou qu'ils ont transcrit de mémoire après les représentations ! Grâce à l'essor de l'édition théâtrale, les auteurs dramatiques deviennent les grands acteurs du théâtre français : car la permanence du livre donne un prolongement durable à l'éphémère du spectacle et peut transmettre leur renommée à travers les siècles.

3.

Le théâtre de la religion
contre les spectacles

1. *L'Église et le théâtre : une relation paradoxale*

Quoique, depuis l'Antiquité, l'Église ait clairement marqué sa défiance à l'égard des spectacles et en particulier à l'égard du théâtre, c'est le pouvoir royal qui a lui-même œuvré en France pour la promotion sociale et la réhabilitation des comédiens au XVIIᵉ siècle : le monarque français est pourtant un roi de droit divin et il est entouré de religieux, à commencer par le prélat qu'est le cardinal de Richelieu. L'Église est ainsi contrainte en France d'accepter ces hautes protections politiques qui soutiennent le théâtre. Mais les chrétiens sont en réalité partagés sur la question.

Bien des religieux fréquentent volontiers les théâtres et se délectent des spectacles qu'ils y voient. Certains même écrivent des traités pour commenter un point de poétique ou critiquer une pièce à l'affiche quand ils ne vont pas jusqu'à en écrire eux-mêmes. L'abbé d'Aubignac, proche de Richelieu et grand ennemi de Corneille, a ainsi non seulement composé trois tragédies mais aussi un traité de poétique, publié en 1657, *La Pratique du théâtre* : cet ouvrage de synthèse sur l'art dramatique a alors connu un grand succès. C'est au père Bouhours, par exemple, que Racine demande des conseils pour la conduite de ses pièces. C'est un autre abbé, l'abbé de Villars, qui a, pour sa part, produit en 1671 une *Critique de Bérénice* où il attaque Racine tout autant que Corneille : il reproche au premier d'avoir conçu sa tragédie comme une élégie galante et au second de ne pas avoir bien conduit l'action de la sienne... Si tant d'hommes d'Église s'intéressent au théâtre, c'est avant tout parce qu'ils participent activement à la vie mondaine et que le théâtre concentre l'attention de tous.

2. *Les dangers de la* mimesis

Mais parallèlement et tout au long du siècle, des attaques religieuses contre le théâtre ressurgissent périodiquement. Cette hostilité contre les spectacles se rencontre à travers différents courants du catholicisme et s'exprime de façon multiple. Elle manifeste en tout cas une méfiance certaine à l'égard des pouvoirs de la *mimesis* théâtrale, c'est-à-dire de cet art imitatif qu'est l'art dramatique. C'est donc une question de fond qui anime les pourfendeurs du théâtre et qui dépasse le Grand Siècle : dans l'Antiquité grecque, Platon fait une critique sévère de l'art dramatique qu'il exclut de sa Cité idéale parce que le théâtre écarte du Beau et du Bien, en n'en proposant qu'une imitation ; aujourd'hui encore, cette réflexion revient, moins pour le théâtre que pour des arts imitatifs plus modernes tels que le cinéma, la télévision ou les jeux vidéos : lorsque se produit une tuerie, une tragédie réelle, ceux-ci sont accusés d'amener les jeunes gens à confondre l'ordre de la fiction avec celui de la réalité et d'inciter à prendre la fiction pour modèle.

Au xviie siècle, la condamnation du théâtre vise autant les acteurs que les spectateurs. Les comédiens sont considérés comme doublement coupables : mimant des passions dangereuses, ils doivent éprouver en eux-mêmes ces sentiments interdits par la religion ; les donnant à voir à leur public, ils se rendent fautifs de donner ces passions pour modèles. Piégés par la puissance de l'illusion dramatique, les spectateurs sont comme contaminés par les passions fictives qu'ils voient avec tant de plaisir développées sur scène. Les écrits sur le théâtre s'insurgent enfin contre les arguments qui minimisent la portée nocive pour le théâtre. Deux idées reviennent, en particulier : quand il prétend traiter d'un sujet moral, insidieusement, le théâtre reste tout à fait dangereux puisque son immoralité est alors dissimulée ; l'horreur que le public éprouve à voir un spectacle immoral n'empêche pas son adhésion profonde avec ce qu'il a vu. C'est là le paradoxe le plus grand de la critique anti-théâtre : ceux qui l'ont attaqué sont ceux qui croyaient le plus dans les pouvoirs de l'illusion dramatique.

3. *Retour de la politique*

Sous le règne de Louis XIV, la querelle sur la moralité du théâtre a été particulièrement vive pendant la décennie 1660-1670. Le janséniste Pierre Nicole publie notamment un *Traité de la Comédie* qui va jusqu'à critiquer le grand Corneille et sa tragédie chrétienne *Théodore*. Mais le jeune dramaturge qu'est Racine, et qui a pourtant été élevé par les jansénistes, peut alors se saisir de l'occasion pour gagner de la renommée à tourner en ridicule les arguments contre le théâtre. Molière, de son côté, cristallise la colère du parti dévot — un courant catholique proche d'Anne d'Autriche, la mère du roi. Le scandale éclate alors d'autant plus clairement que ses comédies semblent se moquer ouvertement de la religion : dans *Tartuffe* notamment, Molière met en scène un faux dévot, ce qui est interprété comme une dénonciation de l'hypocrisie religieuse, et dans *Dom Juan*, le héros fait l'apologie du libertinage... À ce moment-là de son règne, le roi résiste cependant aux dévots et parvient à garder Molière sous sa protection. Mais à la fin de la décennie suivante, Louis XIV devient de plus en plus sensible à la dévotion, notamment sous l'influence de la pieuse Mme de Maintenon, sa dernière maîtresse et secrète épouse ; il se désintéresse peu à peu du théâtre et laisse libre cours aux prédicateurs.

La duchesse Palatine, belle-sœur de Louis XIV, peut ainsi résumer avec humour le pouvoir de la religion sur le théâtre : « Le malheur pour les pauvres comédiens, c'est que le roi ne veut plus voir de comédies. Tant qu'il y allait ce n'était pas un péché ; c'en était si peu que les évêques y allaient journellement ; ils avaient une banquette pour eux et elle était toujours garnie. M. de Meaux [Bossuet] y était toujours. Depuis que le roi n'y va plus, c'est devenu un péché ! »

Le paradoxe du théâtre français

Au terme du Grand Siècle, la situation du théâtre français est pleine de paradoxes, tout à la fois stabilisée et fragilisée. Le royaume peut s'enorgueillir d'avoir su favoriser la naissance et l'épanouissement de grands auteurs dramatiques. Mais avec Corneille, Molière et Racine, classiques avant même que le mot ne soit employé en ce sens, c'est-à-dire déjà considérés comme des modèles et des auteurs de référence, le théâtre semble avoir quitté les tréteaux de la comédie pour occuper le devant de la scène littéraire. La création de la Comédie-Française semble parallèlement consacrer le succès du genre théâtral et de ses acteurs. Mais c'est au prix de la réorganisation et la fusion des troupes existantes. Or, de fait, le monopole accordé à la Comédie-Française réduit l'intensité et la créativité de la vie théâtrale. Sa mission de perpétuer la gloire du théâtre français lui fait courir le risque de le figer dans un conservatoire. Enfin, les dévots opposés au théâtre ont su se faire entendre, notamment du roi. Sans parvenir cependant à éteindre la passion des Parisiens pour le théâtre.

Pour prolonger la réflexion

Jean-Marie APOSTOLIDÈS, *Le Roi-machine. Spectacle et politique au temps de Louis XIV*, Éditions de Minuit, 1981.

Christian BIET, *Les Miroirs du Soleil, Le Roi Louis XIV et ses artistes*, Gallimard Découverte, 2000.

Jacqueline de JOMARON (sous la dir.), *Le Théâtre en France*, vol. 1, A. Colin, 1992, rééd. Livre de Poche, 1998.

Christian JOUHAUD, *Les Pouvoirs de la littérature. Histoire d'un paradoxe*, Gallimard, 2000.

Laurent THIROUIN, *L'Aveuglement salutaire. Le réquisitoire contre le théâtre dans la France classique*, Champion, 1997.

Alain VIALA, *Naissance de l'écrivain*, Éditions de Minuit, 1985.

Genre et registre
Racine et la tragédie

RACINE N'A VRAISEMBLABLEMENT vu jouer qu'assez peu de pièces avant son arrivée à Paris, alors qu'il commence à composer des tragédies. Mais l'essor de l'édition théâtrale et la bonne diffusion des ouvrages imprimés lui ont certainement permis d'en lire un grand nombre. Quand il se lance à l'assaut de la scène, l'esthétique dramatique a déjà été complètement rénovée : les théoriciens et les dramaturges ont âprement discuté des procédés poétiques les plus efficaces pour produire l'illusion théâtrale. La règle des trois unités ainsi que les principes de vraisemblance et de bienséance sont désormais naturellement adoptés par les auteurs dramatiques. Racine évolue avec facilité dans cet espace de liberté défini par la doctrine élaborée pour le théâtre. Sa lecture des œuvres de l'Antiquité, son art de capter l'air du temps, et sa compréhension intime du fonctionnement du genre tragique l'ont conduit à le renouveler. Mieux : aux yeux de la postérité, c'est désormais Racine qui incarne l'art de la tragédie française !

1.

L'effervescence théâtrale : des pièces, des débats, une doctrine

1. *De jeunes auteurs à l'assaut du théâtre*

Tout a commencé au début du siècle, en 1628, avec un conflit de génération. Tandis que Alexandre Hardy, le grand poète dramatique de l'époque (plus de huit cents pièces à son actif, à peine trente-quatre de publiées), essaie de poser son œuvre en modèle, de jeunes auteurs, influencés par la modernisation de la poésie et de la langue française que Malherbe a entreprise, se tournent vers le théâtre. Hardy passe à l'attaque en prenant la défense du grand genre antique, la tragédie, qu'il prétend illustrer. Par réaction, ces jeunes poètes vont, eux, commencer par promouvoir la tragi-comédie contre la tragédie. Passent six années de débats acharnés sur l'utilité de règles pour le théâtre. Sur scène, c'est le règne de la tragi-comédie, genre dramatique qui permet à ces jeunes auteurs modernes d'expérimenter toutes les innovations poétiques et toutes les règles théoriques qu'ils travaillent à formuler. En 1634, néanmoins, le jeune Mairet revient à la tragédie avec *Sophonisbe*, où il suit des règles, celles de l'unité de temps, de l'unité de lieu et de l'unité d'action. C'est le lancement des tragédies régulières ! Leur forme va s'imposer peu à peu comme le nouveau modèle du théâtre français : ces pièces modernes vont constituer ce que la postérité qualifiera de théâtre classique.

Le destin de la pièce la plus célèbre de Corneille illustre l'ébullition poétique de cette période. En

1637, à peine âgé de trente ans, Pierre Corneille fait déjà partie de ces nouveaux dramaturges qui renouvellent la scène théâtrale sous la protection bienveillante de Richelieu. Il compose alors sa tragi-comédie *Le Cid*, laquelle éblouit tout Paris… sauf quelques rivaux jaloux de son succès, notamment Scudéry, Mairet ou Chapelain, qui n'ont de cesse que de mettre au jour tous les défauts de la pièce. La fameuse Querelle du *Cid* est un des grands moments des débats théoriques sur l'art dramatique. L'agitation des esprits est à son comble et Richelieu, lui-même, demande à l'Académie française, qu'il vient de créer, de donner son avis sur la question : cette haute institution ne peut que s'incliner devant le triomphe de la pièce à la scène, mais elle note aussi toutes les irrégularités qu'une lecture attentive révèle. Corneille, de son côté, défend vigoureusement son œuvre. Mais, réédition après réédition du *Cid*, il modifie peu à peu son texte, tenant compte d'un grand nombre d'observations qui lui ont été faites. Et en 1648, il qualifie la pièce de tragédie, la faisant entrer officiellement dans le domaine de ce qui est désormais le grand genre théâtral et littéraire. Alors que son œuvre a été si vivement critiquée pour ne pas avoir suivi les règles, désormais, aux yeux de tous, l'auteur du *Cid* personnifie l'art de la tragédie.

2. *L'amour des règles et de la théorie*

Le cardinal de Richelieu a joué un rôle déterminant dans la formation de cette esthétique théâtrale et de sa doctrine poétique. Il aime le théâtre, il protège quelques auteurs qu'il juge brillants et il les invite même à écrire des pièces sur des canevas qu'il leur propose. Mais, surtout, il se sert du théâtre pour asseoir sa politique fortement centralisatrice. C'est pourquoi il incite les dramaturges à composer dans une langue soutenue qui fasse honneur au royaume et à élaborer une esthétique théâtrale efficace. L'idée de règles découle logiquement d'un tel soutien politique. Mais toute la force de Richelieu a été de savoir encourager ses contemporains à inventer une doctrine théâtrale sans pour autant brider leur talent.

La « doctrine classique » naît donc d'un élan théorique suscité par le succès du théâtre à la scène, les discussions autour de certaines œuvres ainsi qu'une réflexion sur l'art dramatique en général : c'est à la fois le fruit de l'analyse du plaisir provoqué par l'illusion théâtrale et celui de la lecture attentive des pièces publiées. De multiples débats, privés et publics, de nombreux textes, publiés ou non, lettres ou préfaces, sont le lieu d'élaboration de ces règles. Quelques œuvres théoriques vont achever de formuler et diffuser une esthétique qui marque déjà fortement la création théâtrale : c'est le cas notamment de *La Poétique* que La Mesnardière a publiée en 1639, de *La Pratique du Théâtre* que l'abbé d'Aubignac ne fait éditer qu'en 1657, alors qu'il y travaille depuis de longues années, mais aussi des trois discours que Corneille a rédigés en 1660 pour ouvrir chaque volume de l'édition complète de son *Théâtre* et où il propose un examen critique des règles du théâtre à la lumière de son œuvre ; les *Réflexions sur la Poétique d'Aristote* écrites par le père Rapin en 1675 en offrent une autre synthèse.

2.

« La doctrine classique »

1. *Des modèles théoriques au modèle français de l'illusion théâtrale*

Cette réflexion sur le théâtre s'inscrit dans une tradition critique : depuis l'Antiquité, de nombreux auteurs se sont essayés à définir l'art et le théâtre, étudiant leurs moyens et leur fonction. Pour les auteurs de l'âge classique, il s'agit donc de continuer cette analyse et de l'adapter à la création et à la scène françaises. La *Poétique* d'Aristote, travail de définition de l'art dramatique, texte redécouvert et commenté en Italie au XVIe siècle, est l'ouvrage de référence : le philosophe grec y énonce en effet les règles qui assurent le succès d'une tragédie. Mais les Français appréhendent Aristote à travers les lectures qu'en ont proposées les humanistes italiens : ils poursuivent donc avant tout l'examen critique entrepris par ces commentateurs. En outre, ils connaissent bien les théoriciens latins, notamment Horace, et le théâtre espagnol, à la mode en France. C'est donc à partir de l'ensemble de ces lectures et de leur volonté de penser le théâtre de leur temps que les théoriciens français du XVIIe siècle élaborent des règles pour le théâtre, et principalement pour la tragédie. Car si l'art appartient au génie, c'est aussi le domaine du savoir-faire et du métier : définir les règles de l'art, c'est dessiner un champ des possibles pour le poète.

Ces principes découlent en effet en partie d'une volonté normative à la recherche d'une définition de l'art dramatique et de ses procédés, mais ils résultent avant tout d'une réflexion dynamique et enthousiaste sur le théâtre. Si nous pouvons à notre tour résumer les règles du théâtre classique, il faut toutefois garder à l'esprit qu'elles n'ont cessé d'être nuancées, affinées et questionnées.

Vraisemblance, bienséance, unités d'action, de temps et de lieu, voilà les grandes règles à observer par un poète qui compose une tragédie à l'âge classique. À cela s'ajoutent des principes qui sont depuis longtemps le fondement de la création poétique : d'une part, le principe d'imitation, c'est-à-dire l'imitation des anciens et l'imitation de la nature, et d'autre part, l'idée que l'art doit avoir une double finalité, l'utilité morale et le plaisir. Pour le théâtre, l'ensemble de ces préceptes concourt à produire une parfaite illusion théâtrale. C'est du moins ce que croient les théoriciens et les auteurs dramatiques du XVIIe siècle et ce qu'ils souhaitent créer. En réalité, c'est avant tout leur adhésion à cette esthétique qui fonde son efficacité. L'illusion théâtrale ainsi produite ne correspond en effet qu'à ce que les auteurs, les lecteurs et les spectateurs de l'époque s'accordaient à considérer comme une imitation réussie, selon les conventions alors en usage. Ces conventions sont à la fois d'ordre poétique et d'ordre socioculturel : le goût classique est marqué par la familiarité avec les œuvres du passé et par une culture mondaine. Le théâtre doit donc répondre à une image de ce qu'est la littérature et l'art dramatique, ainsi qu'à une idée de ce que peuvent lire et voir un public pour qui l'honnêteté et la politesse sont un art de vivre.

2. *Une « agréable tromperie »*

Les règles du théâtre français sont ainsi dictées par ce que les hommes du temps estiment raisonnable. La raison, c'est-à-dire le bon sens, est le critère qui permet de déterminer les conditions de l'illusion théâtrale : elle fait de la vraisemblance un principe capital qui explique, au-delà d'une interprétation strictement poétique de ce concept, la logique même des règles retenues. Car le théâtre imitant des hommes en action, ainsi que l'a clairement énoncé Aristote, une esthétique de l'illusion exige que cette imitation semble vraie — ce qui n'est pas sans s'écarter du vrai, la vérité n'étant pas toujours vraisemblable ! La conduite de l'action, les mœurs des personnages, mais aussi la représentation doivent être vraisemblables. De là découle le principe de bienséance : il vise la cohérence des caractères des personnages et leur adaptation aux situations, mais aussi le langage et l'action représentée, lesquels ne doivent pas choquer le public. Un personnage noble ne doit être confronté qu'à des situations nobles et dignes, sans avoir à affronter des événements qui pourraient le ridiculiser, et doit s'exprimer dans un langage soutenu. Genre noble, la tragédie se consacre ainsi aux personnages illustres, rois ou princes, qui traversent une crise grave et souvent fatale. Les rebondissements ou les situations qui pourraient heurter la sensibilité du public, en particulier celle des femmes, sont ainsi expulsés de la scène : les viols ou les meurtres, qui faisaient les délices du théâtre du tout début de siècle, sont repoussés dans les coulisses mais peuvent éventuellement être racontés, en langage châtié. On le voit, ainsi interprété, le culte de la vraisemblance ne conduit donc pas au réalisme, mais tend plutôt à l'idéalisation : le théâtre doit être le lieu d'une « agréable tromperie ».

C'est encore la vraisemblance et la prise en compte du point de vue des spectateurs qui conduisent les théoriciens du théâtre à formuler la règle des trois unités. L'unité d'action, déjà prônée par Aristote, exige qu'une pièce se consacre à ne développer qu'une seule action : l'enchaînement des causes qui découlent les unes des autres lui donne un agencement cohérent et une structure logique qui plaît à la raison. Ce n'est pas que les intrigues secondaires soient absolument bannies, mais celles-ci doivent être strictement liées à une action principale qu'elles servent : c'est une rupture avec la mode des intrigues parallèles et indépendantes qui foisonnent dans la production théâtrale du début de siècle. Les règles d'unité de temps et de lieu, quoique très contraignantes et vivement contestées pour cette raison, au début des années 1630, seront finalement adoptées, sans doute parce qu'elles semblent encore nécessaires au principe d'illusion théâtrale. Un idéal de coïncidence de la durée et du lieu de l'action avec le temps et l'espace scéniques s'impose en effet à la raison : un spectateur ne peut adhérer qu'à une représentation dont l'étendue en temps et en espace se rapproche le plus possible de la perception réelle qui est la sienne. Leur interprétation varie néanmoins, mais la plupart s'accordent à penser qu'une durée de vingt-quatre heures et un espace représentable par un seul décor restent crédibles.

De telles règles substituent au plaisir de la variété le plaisir de l'intensité : l'effet de concentration produit par une action unique, qui se déroule sous les yeux des spectateurs presque en temps réel, gagne en efficacité pour susciter l'émotion la plus vive du public.

3.

Entrer dans les règles, s'en jouer et les déjouer

1. *Règles et liberté*

L'effort de formulation de règles semble procéder d'une vision normative de la littérature et du théâtre. Peut-être l'abbé d'Aubignac a-t-il rêvé de régenter l'art dramatique ! Mais le travail théorique engagé tout au long du XVIIᵉ siècle relève avant tout de l'apprentissage de l'analyse théorique et critique. Certes, la dramaturgie théâtrale bénéficie de ce modèle : le nombre de pièces, purs produits de cette esthétique théâtrale, jouées, publiées et même rééditées, témoigne de ce que tout un public trouvait du plaisir à les voir et les lire. Mais le succès de certaines œuvres malgré les règles — ou l'échec d'autres en dépit des règles — montre que la création théâtrale a avant tout été engagée dans un processus dynamique et ne s'est pas laissé réduire à une doctrine qui l'aurait appauvrie.

Ainsi Corneille a-t-il pu manifester à la fois son respect des règles, tout en affirmant garder une forme de liberté à leur égard. Il s'est insurgé ainsi contre une conception étroite de la vraisemblance : il lui préfère le vrai, l'histoire, le réalisme politique, et parfois même un enchaînement singulier, mais nécessaire, même s'il s'écarte du vrai, du moment qu'il suit la logique d'un caractère qu'il conduit à se déployer jusqu'à l'extrême. Car l'extraordinaire et le sublime forcent l'admiration du spectateur devant la gloire et le courage du héros, fût-il un héros dévoyé : voilà, pour Corneille, l'origine d'un pathétique renouvelé et le véritable moyen de plaire au public. Mais surtout le dramaturge, qui analyse ses œuvres au moment où il les écrit ainsi qu'au moment de leurs rééditions, a exploré tout au long de sa carrière comment renouveler et fonder un théâtre moderne.

2. *Racine, virtuose de la tragédie*

Si Corneille s'est affronté aux interprétations rigides que certains de ses contemporains voulaient avoir des règles du théâtre, tel d'Aubignac, Racine, pour sa part, trouve dans ces mêmes règles un cadre dans lequel il peut exercer tout son talent, allant même jusqu'à montrer comment il s'illustre dans l'acception la plus rigoureuse de ces règles. Ainsi, en 1670, dans *Bérénice*, dont toute l'action se réduit à une rupture amoureuse entre l'empereur de Rome, Titus, et l'héroïne éponyme, Racine parvient à donner l'illusion que le déroulement de la tragédie se déroule presque exactement dans le temps de la représentation, dans un seul lieu, une antichambre, à la croisée de toutes les pièces du palais : par cet effet de concentration absolu, il se pose en virtuose du genre tragique.

La dramaturgie racinienne repose sur une simpli-

cité de l'action tout entière focalisée sur une crise,
déclenchée par le moment où l'amour-passion
affronte l'irrémédiable. L'œuvre de Racine est marquée par le style galant, en vogue à l'époque où il
écrit, c'est-à-dire par l'art d'analyser avec subtilité et
élégance tous les replis de l'amour. C'est d'ailleurs
la raison pour laquelle des contemporains ont pu
le qualifier de « tendre Racine » : toutes les « tendresses » du sentiment amoureux, celles qu'ont
développées les grands romans du siècle, tels *L'As-
trée* d'Honoré d'Urfé ou la *Clélie* de Mlle de Scudéry,
se retrouvent dans les tragédies de Racine. Mais elles
y sont revivifiées, le dramaturge réactivant les méta-
phores et les clichés amoureux : avec Racine, « mourir d'amour » est pris au sens littéral et la passion se
déclare dans toute sa violence, notamment dans son
conflit avec le destin, inéluctable et funeste, car la
tragédie ne se nourrit que d'amours impossibles.
C'est là que Racine renouvelle en profondeur le
genre : il y ajoute de l'intériorité et le sens tragique.
En effet, il semble faire exprimer à ses héros toute
l'étendue de leur passion : en fait, il la laisse
entendre à travers leurs paroles beaucoup plus qu'il
ne la fait dire, dévoilant une intimité submergée par
l'ineffable. Il montre ainsi des personnages déposs-
sédés de la maîtrise d'eux-mêmes, aliénés, souf-
frants, incapables d'opposer efficacement leur
volonté, jouets du destin ou des autres : la tragédie
rencontre alors le tragique, donnant l'idée que
l'homme est soumis à la fatalité.

Racine rend sérieux le style galant : il cherche à
plaire à son public, en éveillant les deux sentiments
susceptibles de réaliser l'effet cathartique du théâtre
évoqué par Aristote, la terreur et la pitié, ou plus

exactement en suscitant une émotion propre à l'identification aux héros, c'est-à-dire la compassion : les larmes que ses spectateurs et lecteurs avouent laisser couler avec délices sont le signe du plaisir que le théâtre racinien pousse à l'extrême.

Pour prolonger la réflexion

Christian BIET, *Racine ou la passion des larmes*, Hachette, 1996.

René BRAY, *La Formation de la doctrine classique*, Hachette, 1927.

Georges FORESTIER, *Passions tragiques et règles classiques. Essai sur la tragédie française*, Paris, PUF, 2003.

Pierre LARTHOMAS, *Le Langage dramatique, sa nature, ses procédés*, PUF, 1990.

Jacques SCHERER, *La Dramaturgie classique en France*, Nizet, 1986.

Suzanne GUELLOUZ, *Le classicisme*, La bibliothèque Gallimard n° 201, « en perspective », 2007.

Alain VIALA, *La France galante*, PUF, 2008.

Alain VIALA, « Qu'est-ce qu'un classique ? », *Littératures Classiques*, 1993, n°19, p. 11-31.

L'écrivain
à sa table de travail

De la mythologie
à la mythologie personnelle

À PORT-ROYAL, les jansénistes ont donné le goût de la lecture au jeune Racine : outre le latin, ils lui ont fait apprendre le grec, l'ont incité à lire des œuvres complètes, quand l'usage scolaire est alors de travailler plutôt sur des morceaux choisis, en lui laissant recopier des passages ainsi qu'annoter des livres. Lectures guidées, lectures personnelles : les livres ont été les grands compagnons de Racine lors de son séjour chez les Solitaires ! Il lit beaucoup donc, les Pères de l'Église bien sûr, mais aussi *Les Vies parallèles* de Plutarque, les tragiques grecs, les romans grecs, en particulier *Les Éthiopiques* d'Héliodore, qu'il dit avoir adoré, ou encore les poètes latins… C'est dans les livres que Racine a découvert l'amour, cette passion parfois dévastatrice, les atermoiements du cœur et la violence des sentiments.

1.

De l'art de choisir ses modèles

L'imitation des anciens est un principe fonda-
mental de l'art poétique au XVIIᵉ siècle. Si Racine
choisit d'écrire une tragédie sur l'amour incestueux
de Phèdre pour Hippolyte, c'est parce que d'illustres
prédécesseurs, en particulier deux dramaturges de
l'Antiquité, Euripide et Sénèque, avaient déjà traité
cet épisode : il lui restait à les égaler, voire à les
dépasser, ce à quoi il s'est employé.

1. Phèdre : *Racine imite Euripide (et Sénèque)*

D'Euripide, la postérité n'a pas conservé la première tragédie sur le sujet, *Hippolyte voilé*, qui avait
scandalisé les Athéniens par l'impudeur de l'héroïne
osant avouer son amour à Hippolyte. Mais elle a su garder la seconde, composée en 428 avant Jésus-Christ,
Hippolyte porte-couronne. Phèdre n'y avoue qu'à sa
nourrice son amour coupable pour le fils de Thésée,
et, comme à son insu, la nourrice parle à Hippolyte ;
au moment du retour de Thésée, elle se donne la
mort en laissant une tablette écrite accusant Hippolyte
de violence à son égard, ce qui conduit Thésée à mau-
dire son fils. Dans cette œuvre, Phèdre est tout entière
la victime des dieux, Aphrodite, la déesse de l'amour,
cherchant à se venger par son intermédiaire d'Hippolyte qui l'offense en ne se consacrant qu'à Artémis,
la déesse de la chasse. Si Hippolyte est le personnage
principal de cette tragédie, Euripide, qui n'a pas voulu

corriger sa première pièce autant qu'on l'y incitait et qu'il le prétendait, développe la culpa-bilité de Phèdre : il fait d'elle une véritable héroïne victime de la fatalité. L'effet tragique de cette situation a retenu toute l'attention de Racine. C'est pourquoi l'helléniste qu'il était, à une époque où il y en avait peu, a souligné si volontiers sa dette envers Euripide.

Dans sa préface à la tragédie, Racine fait aussi référence à Sénèque tout en s'en démarquant quelque peu, pour insister sur ce qu'il modifie. Comme ses contemporains, il connaît parfaitement le latin et, en l'occurrence, il a trouvé chez Sénèque non seulement l'aveu de Phèdre à Hippolyte, l'accusation qu'elle porte elle-même contre lui devant Thésée, l'aveu final de sa faute, mais aussi le caractère d'une héroïne touchée par une passion qui l'attaque sans répit corps et âme : le tragique latin a bien influencé Racine !

2. Phèdre : *des sources inavouées et inavouables*

Si ces deux tragédies sont les sources les plus apparentes de la tragédie de Racine, les dialogues de *Phèdre* sont aussi imprégnés d'autres textes anciens, notamment la poésie élégiaque latine qui lui offre un répertoire d'expressions du sentiment amoureux et de la relation aux autres. Mais le dramaturge est sans doute aussi marqué par des lectures plus récentes. Le mythe de Phèdre a déjà inspiré des auteurs dramatiques des XVIᵉ et XVIIᵉ siècles, tels Robert Garnier qui a publié un *Hippolyte* en 1573, Guérin de la Pinelière, avec une pièce du même titre en 1634, puis encore Gabriel Gilbert en 1647 et Mathieu Bidar en 1675 : si certaines de ces tragédies estompent l'atmosphère antique et, pour les plus récentes, donnent dans la surenchère galante ou minorent le désir incestueux de l'héroïne quand ils la présentent comme la fiancée et non comme l'épouse de Thésée, Racine a pu y apprécier plusieurs innovations : le rôle plus important accordé à Phèdre, le fait qu'elle éprouve de la jalousie ou qu'elle s'empoisonne, ou encore qu'Hippolyte soit amoureux. Il ne fait pas allusion à ces pièces récentes, ni même à celle de son concurrent, Jacques Pradon : les ignorant, il se présente comme héritier direct des anciens.

Racine a pu en outre trouver traités dans d'autres œuvres des thèmes qui viennent nourrir sa relecture du mythe de Phèdre. Ainsi a-t-il pu notamment voir développé le motif de la calomniatrice, c'est-à-dire de la femme mariée qui accuse auprès de son mari un jeune homme innocent qui a refusé ses avances : dans le livre de la Genèse, l'épouse de Putiphar incrimine Joseph qui l'a repoussée d'avoir voulu la corrompre et prend pour preuve le manteau qu'il a laissé tomber quand il s'est enfui, horrifié ; dans «La Châtelaine du Vergi», nouvelle de *L'Heptaméron* où Marguerite de Navarre a repris un récit médiéval, le jeune homme accusé faussement se défend devant le mari abusé en arguant qu'il aime une jeune fille, ce qui déchaîne la jalousie de la duchesse éconduite...

Mais c'est l'invention d'une combinaison inédite entre tous ces textes qui nous empêche de considérer la tragédie de Racine comme un simple patchwork : les textes sources s'effacent devant l'unité stylistique et dramatique que l'auteur français a élaborée.

2.

La « science du cœur »
au service de la tragédie

1. Phèdre : *les revirements de la passion*

Ses lectures ont conduit Racine à mettre Phèdre
en valeur, véritable protagoniste de la tragédie (c'est
elle qui est le plus présente sur scène, c'est elle qui
parle le plus), et à apporter des nuances à son caractère : il développe l'intensité de la passion et de
la culpabilité du personnage, soulignant qu'elles
dépassent ce que la parole peut signifier, mais il
montre aussi tous les revirements des sentiments de
l'héroïne, jusque dans sa découverte de la jalousie.
Sa Phèdre gagne en complexité et les retournements
de situation sont autant d'épreuves qui lui font
explorer de nouvelles facettes de l'amour, passant
du désespoir à l'espoir, et inversement. Au début de
la tragédie, elle se meurt d'amour, ayant intériorisé
sa faute au point de refuser de la révéler à quiconque. Puis, avec l'annonce de la mort de Thésée,
l'espoir donné à son amour libère sa parole, la sub-
merge, va jusqu'à l'aveugler sur Hippolyte. Le retour
de Thésée fait resurgir la honte, amplifiée par la faiblesse qu'elle a montrée en avouant son amour à
Hippolyte et par l'humiliation que la fuite de ce
dernier lui a fait subir. Elle laisse ternir Hippolyte,
mais est prise ensuite de remords. La révélation
qu'Hippolyte fait à Thésée de son amour pour Aricie déclenche sa jalousie : la passion se transforme
en haine, mais ne cesse d'osciller entre la douleur,

le désir et la culpabilité. Quand, mourante, elle vient à nouveau disculper le jeune homme, c'est enfin trop tard. Racine laisse ainsi imaginer, au fur et à mesure des dialogues, que, malgré la fatalité, tout est encore possible et peut encore se jouer pour Phèdre, tout comme pour Hippolyte, Aricie et même Thésée. L'accumulation de sources antiques et modernes, le lien qu'il forme entre elles et la façon dont il se les approprie permettent à Racine d'inventer une nouvelle dramaturgie de l'amour.

Le déploiement d'une subtile science des cœurs participe à l'élaboration de la cohérence psychologique des personnages. Les caractères ne sont pas donnés, ils se construisent en action, se découvrant dans leur complexité à mesure que la pièce progresse. Mais la structure même de la tragédie contribue aussi à leur donner une cohérence. Le jeu d'échos, en particulier entre les scènes d'aveux, permet de tisser des parallèles entre les personnages, de voir comme leurs réactions se rapprochent ou diffèrent : et voilà qui les rend vraisemblables les uns à la lumière des autres, les individualisant dans le même mouvement !

2. *La tragédie des aveux : jeux de miroirs*

Les scènes d'aveux font de *Phèdre* une tragédie de la parole : l'intensité du tragique tient en effet dans la difficulté que les personnages ont à reconnaître leur passion, à la dire, et à mesurer le pouvoir de leur parole. Le motif de l'aveu se trouve dans les deux textes sources. Dans l'*Hippolyte* d'Euripide, la nourrice arrache à Phèdre l'aveu qu'elle se refuse de faire de l'amour coupable qu'elle éprouve pour son beau-fils ; dans la *Phèdre* de Sénèque, sans doute inspirée de la première tragédie perdue d'Euripide, l'héroïne déclare elle-même sa passion au jeune homme. Reprendre ces deux scènes tragiques dans la même pièce renforce sans aucun doute le sentiment de progression de l'action, surtout que Racine achève son œuvre, comme Sénèque, par un ultime aveu de l'héroïne, celui de sa faute à Thésée.

Mais l'intrigue secondaire, intrinsèquement liée à la première, avance elle aussi à force d'aveux. Ceux-là, Racine les invente puisque, pour la tradition, Hippolyte est chaste. Cependant le fait que le jeune homme se refuse à dire à son gouverneur Théramène qu'il aime Aricie dispose le spectateur à croire aux extrêmes réticences de Phèdre à évoquer son amour devant Œnone. La déclaration d'amour qu'Aricie parvient à arracher à Hippolyte et la réponse pudique qu'elle lui fait préparent en contraste la violence de la réaction du jeune homme à l'aveu passionné de Phèdre... Le parallélisme des scènes d'aveux les met en tension les unes avec les autres, élaborant une structure quasi musicale de la tragédie, organisant comme un échange entre un chant et un contre-chant. Un jeu de miroirs fait d'Aricie un double d'Hippolyte (le jeune homme et la jeune fille incarnant l'innocence et la vertu), et un double antithétique de Phèdre (Aricie fait ressortir toute la fureur de l'héroïne), ou encore d'Hippolyte un double atténué de Phèdre (l'amour et la culpabilité les font fuir, mais différemment)... Ce jeu de miroirs renvoie des réfractions qui complexifient l'image des personnages, laissant apparaître pour chacun des zones d'ombre à déchiffrer.

3.

Racine mythographe : Aricie

1. *L'invention d'un personnage mythologique*

Un personnage secondaire révèle la façon dont Racine travaille ses tragédies : en ce XVIIᵉ siècle, où il serait malséant qu'Hippolyte soit chaste, le dramaturge veille à rendre le jeune homme amoureux. Là où Racine innove, c'est en insérant le personnage qu'il crée, Aricie, dans un arrière-plan mythologique. En effet, dans sa préface, il cherche à faire croire que la jeune héroïne préexiste à sa pièce en invoquant Virgile ainsi que d'autres « auteurs ». Ces références paraissent venir authentifier une image du personnage tandis que Racine se dégage de toute responsabilité : mieux, il se présente comme un auteur qui nous permet d'accéder à un épisode négligé de la mythologie. Mais si Racine accorde plus d'un paragraphe à Aricie, c'est aussi pour attirer l'attention de son lecteur sur ce personnage… qu'il a imaginé ! Car Racine sait bien qu'Aricie ne désigne qu'un lieu chez les Anciens et qu'il n'y a eu que Blaise de Vigenère pour imaginer en 1578 un roman d'amour posthume entre Hippolyte et une certaine Aricia, dans son commentaire des *Tableaux* de Philostrate. Dans la tradition, il n'y a donc pas d'Aricie, sœur des Pallantides, qu'Hippolyte aurait aimée tandis que Phèdre éprouvait une passion incestueuse pour lui. Mais faire de l'amoureuse d'Hippolyte la sœur des Pallantides sert à Racine à augmenter la présence de l'arrière-plan mythologique de la pièce :

avec Aricie, c'est tout le destin de Thésée que le dramaturge active, rappelant comment le héros a su s'imposer contre des usurpateurs et montrant, par la seule présence de la jeune fille rescapée, qu'implacable, il a tué ses ennemis. Racine dissimule qu'il a inventé Aricie pour ajouter de l'amour à une intrigue qui n'en aurait pas contenu assez pour le goût galant de ses contemporains, tout en insinuant que son héroïne a un passé : dès lors, le personnage devient vraisemblable et nécessaire. Qu'Aricie soit fille de Pallas ne relève pas seulement d'un procédé de contamination : cela participe à créer une concentration de l'atmosphère mythologique.

2. *De l'efficacité tragique des histoires de famille*

Le lien familial que Racine imagine lui permet d'ajouter au tragique, réalisant pleinement un concept formulé par Aristote dans la *Poétique*. Le philosophe grec explique, en effet, que les actes de violence surgis au sein des alliances suscitent l'effroi et la pitié tragiques. Or c'est précisément un passage qui semble avoir frappé l'attention de Racine, à l'instar de Vettori qui a édité la *Poétique*. Le dramaturge a, en effet, laissé une note où il glose sur cette analyse d'Aristote, en traduisant le terme de « liens étroits » par « liens par les nœuds du sang et de l'amitié ». Ce commentaire indique qu'il a souligné que c'est au sein des liens de parenté que se trouve la spécificité tragique. Certes, l'héroïne que Racine imagine ne suscite pas effroi et pitié en tuant elle-même un membre de sa famille. Mais les liens familiaux qui attachent Aricie aux autres personnages de l'intrigue contribuent à resserrer le noyau de l'action tragique. C'est parce que Aricie est sœur des Pallantides qu'elle est interdite à Hippolyte : l'histoire de la famille de Thésée ôte donc à Hippolyte toute possibilité d'une issue heureuse à ses aspirations. Ce personnage inventé par Racine augmente la promiscuité familiale : avec Aricie, l'action de la tragédie s'enferme encore davantage sur un huis-clos, lieu tragique par excellence.

Enfin, le fait qu'Aricie puisse reconquérir le pouvoir des Pallantides, ne serait-ce que par le biais de l'adoption de Thésée, suggérée dans le dernier vers de la pièce, que cette héroïne soit celle qui réconcilie les deux branches légitimement héritières d'une famille dévastée donnent une dimension mythique au personnage et, surtout, un sens politique à l'épisode. C'est là le coup de force de Racine ! D'un côté, il fait en sorte que l'action principale et l'intrigue secondaire de sa tragédie soient conçues selon les ressorts les plus tragiques de la mythologie. De l'autre, c'est ce même procédé qui lui permet d'adapter la mythologie antique à la sensibilité galante de son siècle : il montre la passion dévastatrice de Phèdre pour son beau-fils en touchant la pitié des spectateurs par les malheurs d'Hippolyte et d'Aricie. C'est ainsi que Racine rend la mythologie accessible à ses contemporains : aussi peut-il avoir l'image du dramaturge à la fois le plus helléniste et le plus moderne de son temps !

La *Phèdre* de Racine n'est pas une « belle infidèle », au sens où on employait cette expression au XVIIe siècle, c'est-à-dire pour désigner la traduction d'une œuvre antique transposée en beau langage : l'imitation des anciens le conduit à élaborer une œuvre personnelle et originale dont la force est cependant telle que, depuis, les traducteurs reprennent volontiers des vers raciniens pour rendre le sens de ceux d'Euripide ou de Sénèque !

Pour prolonger la réflexion :

Les autres « Phèdre » :
EURIPIDE, JEAN RACINE, SÉNÈQUE, *Phèdre-Hippolyte*, sous la direction d'Emmanuel Martin, Pocket.
Robert GARNIER, *Hippolyte*, Les Belles Lettres.
Le Mythe de Phèdre. Les Hippolyte français du XVIIᵉ siècle : textes des éditions originales de La Pinelière, de Gilbert, et de Bidar, éd. critique A. Wood, Champion, 1996.
Jacques PRADON, *Phèdre et Hippolyte*, éd. O. Classe, Exeter University Publications, 1987.
Sarah KANE, *L'Amour de Phèdre*, L'Arche (création en 1996).
Deux opéras :
Thésée de Lully, tragédie en musique sur un livret de Philippe Quinault, 1675.
Hippolyte et Aricie de Rameau, sur un livret de Pellegrin, 1733.

Groupement de textes

Les ravages de la jalousie

AVEC L'INVENTION DU PERSONNAGE d'Aricie et de l'amour qu'Hippolyte lui porte, Racine a développé le caractère de *Phèdre* : il montre en action tous les méandres de l'amour, en y ajoutant une autre passion, la jalousie. Le poète a déjà tiré parti de l'efficacité dramatique de ce sentiment dans plusieurs tragédies, notamment dans *Andromaque*. Dans *Phèdre*, la jalousie qu'éprouve l'héroïne sert à mener inéluctablement Hippolyte à sa perte, interrompant l'aveu qu'elle allait faire de sa culpabilité à Thésée (IV, 4, 5 et 6). Le sursaut moral de Phèdre vient de faire naître chez le spectateur l'espoir que soit sauvé celui qu'il sait innocent, Hippolyte. Mais ce nouveau retournement des sentiments de la jeune femme agit comme un coup de théâtre, sans pourtant inverser le cours de l'action. Au contraire, l'épreuve de la jalousie rend plus certaine l'issue fatale de la tragédie et ne permet pas à Thésée de revenir sur sa malédiction : rien ne peut dès lors arrêter la marche d'Hippolyte vers la mort.

La jalousie qu'éprouve Phèdre est ce sentiment qui naît dans l'amour et fait craindre de perdre ce que l'on possède ou ce que l'on désire posséder : véritable passion malade, la jalousie, dans cette tragédie, conduit à la haine et à la volonté de vengeance et de destruction. Loin du zèle positif que peut parfois recouvrir cet état affectif, c'est l'aspect noir de l'envie, avec toute sa violence, qu'explore le dramaturge. Tout à la révélation qu'une autre possède le cœur d'Hippolyte, Phèdre évoque l'amour heureux et réciproque qu'elle leur suppose (IV, 6). Cette chimère accentue le tragique de la situation : Phèdre n'a pas connu et ne connaîtra pas ce bonheur…, mais Hippolyte et Aricie non plus ! À partir de là, la jalousie cède à ce péché capital qu'est l'envie, suivant cette distinction qu'établit La Rochefoucauld dans ses *Maximes* : «La jalousie est en quelque manière juste et raisonnable, puisqu'elle ne tend qu'à conserver un bien qui nous appartient ou que nous croyons nous appartenir, au lieu que l'envie est une fureur qui ne peut souffrir le bien des autres» (28). Ce glissement des sentiments et leur confusion entraînent le déchaînement furieux et désordonné des émotions de Phèdre, qui souhaite la perte de sa rivale avant de retourner contre elle-même son désespoir. Donner de la jalousie à Phèdre permet aussi à Racine d'ajouter de la vraisemblance au fait qu'elle ne disculpe pas Hippolyte : la tradition se contentait de la fureur de son amour tout comme le souci de sa gloire et de sa réputation pour motiver l'action de l'héroïne ; au XVIIe siècle, dans cette période captivée par tous les méandres des sentiments et de la galanterie, la jalousie vient justement compléter le tableau de la passion amoureuse dont le «tendre Racine» peint toute la violence et la fureur.

Au théâtre, la jalousie peut être une passion détestable, associée aux armes et aux crimes les plus horribles : Médée, héroïne de tragédie d'Euripide, de Sénèque, mais aussi de la première tragédie de Corneille, en est l'incarnation absolue. Jalouse de ce que son amant Jason projette de se marier, elle va jusqu'à tuer non seulement sa rivale mais aussi ses propres enfants pour faire souffrir davantage l'infidèle. Il est d'ailleurs probable que Racine ait pensé à Médée lorsqu'il concevait Phèdre : car, au-delà de la tradition, une Médée jalouse mais associée cette fois-ci au mythe de Thésée, avec un schéma amoureux inverse à celui de *Phèdre*, venait d'enthousiasmer la cour en 1675 avec un opéra composé par Lully sur un livret de Quinault.

D'une façon dédramatisée mais tout aussi efficace sur le plan dramaturgique, la jalousie peut participer au comique d'une œuvre théâtrale : le jaloux est avant tout celui qui se torture lui-même et se rend ainsi ridicule, quand ce n'est pas odieux. Mais la jalousie peut aussi accompagner la prise de conscience du sentiment amoureux, en particulier quand l'amour-propre lutte contre l'amour. Le théâtre use ainsi volontiers de ce ressort psychologique qui permet à l'action d'avancer : la jalousie, jauge évaluatrice des sentiments, permet aux héros de connaître l'étendue d'une passion à laquelle ils se refusent, ou peut encore servir de stratagème pour découvrir le cœur de celui ou de celle qu'ils aiment.

Pierre CORNEILLE (1606-1684)

Médée (1639)

(éd. G. Couton, Pléiade, Gallimard, 1980)

Dans sa première tragédie, Corneille met en scène le sujet mythologique de l'abandon de la magicienne Médée par Jason au moment où le roi Créon lui propose d'épouser sa fille Créuse. Sénèque avait déjà montré toute la violence possible de la furie d'une femme jalouse. Corneille renchérit dans l'horreur : sa Médée, tout entière noirceur, parvient à faire mourir sa rivale, le roi, mais aussi, après avoir tué les enfants qu'elle a eus de lui, conduit Jason au suicide.

MÉDÉE

Souverains protecteurs des lois de l'Hyménée,
Dieux, garants de la foi que Jason m'a donnée,
Vous qu'il prit à témoins d'une immortelle ardeur,
Quand par un faux serment il vainquit ma pudeur,
Voyez de quel mépris vous traite son parjure,
Et m'aidez à venger cette commune injure ;
S'il me peut aujourd'hui chasser impunément,
Vous êtes sans pouvoir, ou sans ressentiment.
Et vous, troupe savante en mille barbaries,
Filles de l'Achéron, Pestes, Larves, Furies,
Noires Sœurs, si jamais notre commerce étroit
Sur vous et vos serpents me donna quelque droit,
Sortez de vos cachots avec les mêmes flammes
Et les mêmes tourments dont vous gênez les âmes.
Laissez-les quelque temps reposer dans leurs fers,
Pour mieux agir pour moi faites trêve aux Enfers,
Et m'apportez du fond des antres de Mégère
La mort de ma rivale et celle de son père,
Et si vous ne voulez mal servir mon courroux
Quelque chose de pis pour mon perfide époux.
Qu'il coure vagabond de Province en Province,
Qu'il fasse lâchement la Cour à chaque Prince,
Banni de tous côtés, sans biens, et sans appui
Accablé de frayeur, de misère, d'ennui,
Qu'à ses plus grands malheurs aucun ne compatisse,
Qu'il ait regret à moi pour son dernier supplice,
Et que mon souvenir jusque dans le tombeau
Attache à son esprit un éternel bourreau.

Jason me répudie ! et qui l'aurait pu croire ?
S'il a manqué d'amour manque-t-il de mémoire ?
Me peut-il bien quitter après tant de forfaits ?
Sachant ce que je puis, ayant vu ce que j'ose,
Croit-il que m'offenser ce soit si peu de chose ?
Quoi ? Mon père trahi, les éléments forcés,
D'un frère dans la mer les membres dispersés,
Lui font-ils présumer mon audace épuisée ?
Lui font-ils présumer que ma puissance usée,
Ma rage contre lui, n'ait par où s'assouvir,
Et que tout mon pouvoir se borne à le servir ?
Tu t'abuses, Jason, je suis encor moi-même,
Tout ce qu'en ta faveur fit mon amour extrême
Je le ferai par haine, et je veux pour le moins
Qu'un forfait nous sépare ainsi qu'il nous a joints ;
Que mon sanglant divorce en meurtres, en carnage,
S'égale aux premiers jours de notre mariage,
Et que notre union que rompt ton changement
Trouve une fin pareille à son commencement.
Déchirer par morceaux l'enfant aux yeux du père,
N'est que le moindre effet qui suivra ma colère.
Des crimes si légers furent mes coups d'essai,
Il faut bien autrement montrer ce que je sais,
Il faut faire un chef-d'œuvre, et qu'un dernier
    ouvrage
Surpasse de bien loin ce faible apprentissage.
Mais pour exécuter tout ce que j'entreprends
Quels Dieux me fourniront des secours assez
    grands ?
Ce n'est plus vous, Enfers, qu'ici je sollicite,
Vos feux sont impuissants pour ce que je médite.
Auteur de ma naissance, aussi bien que du jour
Qu'à regret tu dépars à ce fatal séjour,
Soleil, qui vois l'affront qu'on va faire à ta race,
Donne-moi tes chevaux à conduire en ta place,
Accorde cette grâce à mon désir bouillant.
Je veux choir sur Corinthe avec ton char brûlant.
Mais ne crains pas de chute à l'univers funeste,
Corinthe consommée affranchira le reste,

Mon erreur volontaire ajustée à mes vœux
Arrêtera sur elle un déluge de feux,
Créon en est le Prince, et prend Jason pour gendre,
Il faut l'ensevelir dessous sa propre cendre,
Et brûler son pays, si bien qu'à l'avenir
L'isthme n'empêche plus les deux mers de s'unir.

(Acte I, scène 3)

MOLIÈRE (1622-1673)
Le Misanthrope (1667)

(éd. G. Couton, Pléiade, Gallimard, 1971)

Dans cette comédie, Alceste, refusant l'hypocrisie et les codes de politesse de la société mondaine... est amoureux d'une coquette ! Et voilà le misanthrope jaloux de tous les hommages que les hommes ne manquent pas de rendre à la jeune veuve. La jalousie agit comme un poison, faisant douter de tout, et conduit l'amoureux inquiet à tenir les propos les plus désobligeants. Ridicule dans son obsession, le jaloux ne peut que retourner contre lui son manque de confiance.

ALCESTE

Madame, voulez-vous que je vous parle net ?
De vos façons d'agir je suis mal satisfait ;
Contre elles dans mon cœur trop de bile s'assemble,
Et je sens qu'il faudra que nous rompions ensemble.
Oui, je vous tromperais de parler autrement ;
Tôt ou tard nous romprons indubitablement ;
Et je vous promettais mille fois le contraire,
Que je ne serais pas en pouvoir de le faire.

CÉLIMÈNE

C'est pour me quereller donc, à ce que je vois,
Que vous avez voulu me ramener chez moi ?

ALCESTE

Je ne querelle point ; mais votre humeur, Madame,
Ouvre au premier venu trop d'accès dans votre
    âme :
Vous avez trop d'amants qu'on voit vous obséder,
Et mon cœur de cela ne peut s'accommoder.

CÉLIMÈNE

Des amants que je fais me rendez-vous coupable ?
Puis-je empêcher les gens de me trouver aimable ?
Et lorsque pour me voir ils font de doux efforts,
Dois-je prendre un bâton pour les mettre dehors ?

ALCESTE

Non, ce n'est pas, Madame, un bâton qu'il faut
    prendre,
Mais un cœur à leurs vœux moins facile et moins
    tendre.
Je sais que vos appas vous suivent en tous lieux ;
Mais votre accueil retient ceux qu'attirent vos
    yeux ;
Et sa douceur offerte à qui vous rend les armes
Achève sur les cœurs l'ouvrage de vos charmes.
Le trop riant espoir que vous leur présentez
Attache autour de vous leurs assiduités :
Et votre complaisance un peu moins étendue
De tant de soupirants chasserait la cohue.
Mais au moins dites-moi, Madame, par quel sort
Votre Clitandre a l'heur de vous plaire si fort ?
Sur quel fonds de mérite et de vertu sublime
Appuyez-vous en lui l'honneur de votre estime ?
Est-ce par l'ongle long qu'il porte au petit doigt
Qu'il s'est acquis chez vous l'estime où l'on le voit ?
Vous êtes-vous rendue avec tout le beau monde,
Au mérite éclatant de sa perruque blonde ?
Sont-ce ses grands canons qui vous le font aimer ?
L'amas de ses rubans a-t-il su vous charmer ?
Est-ce par les appas de sa vaste rhingrave
Qu'il a gagné votre âme en faisant votre esclave ?

Ou sa façon de rire et son ton de fausset
Ont-il de vous toucher su trouver le secret?

CÉLIMÈNE

Qu'injustement de lui vous prenez de l'ombrage!
Ne savez-vous pas bien pourquoi je le ménage,
Et que dans mon procès, ainsi qu'il m'a promis,
Il peut intéresser tout ce qu'il a d'amis?

ALCESTE

Perdez votre procès, Madame, avec constance,
Et ne ménagez point un rival qui m'offense.

CÉLIMÈNE

Mais de tout l'univers vous devenez jaloux.

ALCESTE

C'est que tout l'univers est bien reçu de vous.

CÉLIMÈNE

C'est ce qui doit rasseoir votre âme effarouchée;
Puisque ma complaisance est sur tous épanchée;
Et vous auriez plus lieu de vous en offenser,
Si vous me la voyiez sur un seul ramasser.

ALCESTE

Mais moi, que vous blâmez de trop de jalousie,
Qu'ai-je de plus qu'eux tous, Madame, je vous
    prie?

CÉLIMÈNE

Le bonheur de savoir que vous êtes aimé.

ALCESTE

Et quel lieu de le croire à mon cœur enflammé?

CÉLIMÈNE

Je pense qu'ayant pris le soin de vous le dire,
Un aveu de la sorte a de quoi vous suffire.

ALCESTE

Mais qui m'assure que, dans le même instant,
Vous n'en disiez peut-être aux autres tout autant ?

CÉLIMÈNE

Certes, pour un amant, la fleurette est mignonne,
Et vous me traitez là de gentille personne.
Hé bien ! pour vous ôter d'un semblable souci,
De tout ce que j'ai dit je me dédis ici,
Et rien ne saurait plus vous tromper que vous-
   même :
Soyez content.

ALCESTE

       Morbleu ! faut-il que je vous aime !
Ah ! que si de vos mains je rattrape mon cœur,
Je bénirai le Ciel de ce rare bonheur !
Je ne le cèle pas, je fais tout mon possible
À rompre de ce cœur l'attachement terrible ;
Mais mes grands efforts n'ont rien fait jusqu'ici,
Et c'est pour mes péchés que je vous aime ainsi.

CÉLIMÈNE

Il est vrai, votre ardeur est pour moi sans seconde.

ALCESTE

Oui, je puis là-dessus défier tout le monde.
Mon amour ne se peut concevoir et jamais
Personne n'a, Madame, aimé comme je fais.

CÉLIMÈNE

En effet, la méthode en est toute nouvelle,
Car vous aimez les gens pour leur faire querelle ;
Ce n'est qu'en mots fâcheux qu'éclate votre
   ardeur,
Et l'on n'a vu jamais un amour si grondeur.

ALCESTE

Mais il ne tient qu'à vous que son chagrin ne passe.
À tous nos démêlés coupons chemin, de grâce,
Parlons à cœur ouvert, et voyons d'arrêter...

(Acte II, scène 1)

MARIVAUX (1688-1763)
La Seconde Surprise de l'amour (1728)

(éd. d'Henri Coulet et Michel Gilot,
Pléiade, Gallimard, 1993)

Un jeune homme triste à mourir — celle qu'il aime a été contrainte par son père d'entrer pour toujours au couvent — et une jeune veuve éplorée font connaissance. Ils croient avoir renoncé à l'amour pour toujours. Tous deux inconsolables, ils concèdent toutefois à s'offrir l'un à l'autre leur amitié. Survient le Comte, qui aime en secret cette jeune Marquise. Épaulé par Lisette, qui voudrait voir sa maîtresse à nouveau heureuse et remariée, le Comte sollicite l'appui du Chevalier auprès de la jeune femme. Et voilà le Chevalier piqué au vif, déçu, croit-il, de ce que la Marquise soit moins inconsolable que lui : la jalousie fait ainsi naître l'amour. La jalousie doit encore faire triompher l'amour, à force de tourmenter le cœur du Chevalier et de la Marquise, les rendant sensibles, malgré eux, par son venin.

LE COMTE : J'allais chez vous, Chevalier, et j'ai su de Lisette que vous étiez ici ; elle m'a dit votre affliction, et je vous assure que j'y prends beaucoup de part ; il faut tâcher de se dissiper.
LE CHEVALIER : Cela n'est pas aisé, monsieur le Comte.
LUBIN, *faisant un sanglot* : Eh !
LE CHEVALIER : Tais-toi.

LE COMTE : Que lui est-il donc arrivé, à ce pauvre garçon ?

LE CHEVALIER : Il a, dit-il, du chagrin de ce que je ne pars point comme je l'avais résolu.

LUBIN, *riant* : Et pourtant je suis bien aise de rester, à cause de Lisette.

LISETTE : Cela est galant : mais, monsieur le Chevalier, venons à ce qui nous amène monsieur le Comte et moi. J'étais sous le berceau pendant votre conversation avec madame la Marquise, et j'en ai entendu une partie sans le vouloir ; votre voyage est rompu, ma maîtresse vous a conseillé de rester, vous êtes tous deux dans la tristesse, et la conformité de vos sentiments fera que vous vous verrez souvent. Je suis attachée à ma maîtresse, plus que je ne saurais vous le dire, et je suis désolée de voir qu'elle ne veut pas se consoler, qu'elle soupire et pleure toujours ; à la fin elle n'y résistera pas ; n'entretenez point sa douleur, tâchez même de la tirer de sa mélancolie ; voilà monsieur le Comte qui l'aime, vous le connaissez, il est de vos amis, madame la Marquise n'a point de répugnance à le voir ; ce serait un mariage qui conviendrait, je tâche de le faire réussir ; aidez-nous de votre côté, monsieur le Chevalier, rendez ce service à votre ami, servez ma maîtresse elle-même.

LE CHEVALIER : Mais, Lisette, ne dites-vous pas que madame la Marquise voit le Comte sans répugnance ?

LE COMTE : Mais, sans répugnance, cela veut dire qu'elle me souffre, voilà tout.

LISETTE : Et qu'elle reçoit vos visites.

LE CHEVALIER : Fort bien ; mais s'aperçoit-elle que vous l'aimez ?

LE COMTE : Je crois que oui.

LISETTE : De temps en temps, de mon côté, je glisse de petits mots, afin qu'elle y prenne garde.

LE CHEVALIER : Mais vraiment ces petits mots-là doivent faire un grand effet, et vous êtes entre de bonnes mains, monsieur le Comte, et que vous dit la Marquise ? Vous répond-elle d'une façon qui promette quelque chose ?

LE COMTE : Jusqu'ici, elle me traite avec beaucoup de douceur.

LE CHEVALIER : Avec douceur ! Sérieusement ?

LE COMTE : Il me le paraît.

LE CHEVALIER, *brusquement* : Mais sur ce pied-là, vous n'avez donc pas besoin de moi ?

LE COMTE : C'est conclure d'une manière qui m'étonne.

LE CHEVALIER : Point du tout je dis fort bien ; on voit votre amour, on le souffre, on y fait accueil, apparemment qu'on s'y plaît, et je gâterais peut-être tout si je m'en mêlais, cela va tout seul.

LISETTE : Je vous avoue que voilà un raisonnement auquel je n'entends rien.

LE COMTE : J'en suis aussi surpris que vous.

LE CHEVALIER : Ma foi, monsieur le Comte, je faisais tout pour le mieux ; mais puisque vous le voulez, je parlerai, il en arrivera ce qui pourra, vous le voulez ; malgré mes bonnes raisons, je suis votre serviteur et votre ami.

LE COMTE : Non, monsieur, je vous suis bien obligé, et vous aurez la bonté de ne rien dire ; j'irai mon chemin. Adieu Lisette, ne m'oubliez pas, puisque madame la Marquise a des affaires, je reviendrai une autre fois.

(Acte I, scène 10)

Alfred de MUSSET (1810-1857)

On ne badine pas avec l'amour (1834)

(La bibliothèque Gallimard n° 77)

De jeunes cousins, Perdican et Camille, se retrouvent dans la demeure familiale après leurs études et semblent promis l'un à l'autre. Mais, sortant du couvent, la jeune fille, hautaine, prétend ne se consacrer qu'à l'amour divin. De dépit, Perdican fait la cour à une jeune paysanne, Rosette. Dès lors, les deux cousins s'épient l'un l'autre, pleins d'orgueil, s'imaginent maîtres de leurs sentiments et utilisent la jalousie pour connaître ceux de l'autre : Perdican croit rendre Camille jalouse, preuve de son amour pour lui ; Camille croit que Perdican use de la jalousie comme stratagème pour la rendre jalouse, preuve à ses yeux de l'amour qu'il éprouve pour elle. Rivalisant d'amour-propre, ils se jouent malgré eux des sentiments simples et francs éprouvés par la jeune Rosette que leur badinage mène à la mort.

[...]

CAMILLE : Combien de temps durera cette plaisanterie ?

PERDICAN : Quelle plaisanterie ?

CAMILLE : Votre mariage avec Rosette.

PERDICAN : Bien peu de temps ; Dieu n'a pas fait de l'homme une œuvre de durée : trente ou quarante ans, tout au plus.

CAMILLE : Je suis curieuse de danser à vos noces !

PERDICAN : Écoutez-moi, Camille, voilà un ton de persiflage qui est hors de propos.

CAMILLE : Il me plaît trop pour que je le quitte.

PERDICAN : Je vous quitte donc vous-même ; car j'en ai tout à l'heure assez.

CAMILLE : Allez-vous chez votre épousée ?

PERDICAN : Oui, j'y vais de ce pas.

CAMILLE : Donnez-moi donc le bras ; j'y vais aussi.

Entre Rosette

PERDICAN : Te voilà, mon enfant ! Viens, je veux te présenter à mon père.

ROSETTE, *se mettant à genoux* : Monseigneur, je viens vous demander une grâce. Tous les gens du village à qui j'ai parlé ce matin m'ont dit que vous aimiez votre cousine, et que vous ne m'avez fait la cour que pour vous divertir tous deux ; on se moque de moi quand je passe, et je ne pourrai plus trouver de mari dans le pays, après avoir servi de risée à tout le monde. Permettez-moi de vous rendre le collier que vous m'avez donné, et de vivre en paix chez ma mère.

CAMILLE : Tu es une bonne fille, Rosette ; garde ce collier, c'est moi qui te le donne, et mon cousin prendra le mien à la place. Quant à un mari, n'en sois pas embarrassée, je me charge de t'en trouver un.

PERDICAN : Cela n'est pas difficile, en effet. Allons, Rosette, viens, que je te mène à mon père.

CAMILLE : Pourquoi ? Cela est inutile.

PERDICAN : Oui, vous avez raison, mon père nous recevrait mal ; il faut laisser passer le premier moment de surprise qu'il a éprouvée. Viens avec moi, nous retournerons sur la place. Je trouve plaisant qu'on dise que je ne t'aime pas quand je t'épouse. Pardieu ! Nous les ferons bien taire.

Il sort avec Rosette.

CAMILLE : Que se passe-t-il donc en moi ? Il l'emmène d'un air bien tranquille. Cela est singulier : il me semble que la tête me tourne. Est-ce qu'il l'épouserait tout de bon ? Holà ! dame Pluche, dame Pluche ! N'y a-t-il donc personne ici ? (*Entre un valet.*) Courez après le seigneur Perdican ; dites-lui vite qu'il remonte ici, j'ai à lui parler. (*Le valet sort.*) Mais qu'est-ce donc que tout cela ? Je n'en puis plus, mes pieds refusent de me soutenir.

Rentre Perdican.

PERDICAN : Vous m'avez demandé, Camille ?

CAMILLE : Non, — non.

PERDICAN : En vérité, vous voilà pâle ! Qu'avez-vous

à me dire ? Vous m'avez fait rappeler pour me
parler ?

CAMILLE : Non, non. – Oh ! Seigneur Dieu !

Elle sort.

(Acte III, scène 7)

Un oratoire
Entre Camille ; elle se jette au pied de l'autel

CAMILLE : M'avez-vous abandonnée, ô mon Dieu ?
Vous le savez, lorsque je suis venue, j'avais juré
de vous être fidèle ; quand j'ai refusé de devenir
l'épouse d'un autre que vous, j'ai cru parler sin-
cèrement devant vous et ma conscience ; vous
le savez, mon père ; ne voulez-vous donc plus de
moi ? Oh ! pourquoi faites-vous mentir la vérité
elle-même ? Pourquoi suis-je si faible ? Ah ! malheureuse, je ne puis plus prier.

Entre Perdican.

PERDICAN : Orgueil, le plus fatal des conseillers
humains, qu'es-tu venu faire entre cette fille et
moi ? La voilà pâle et effrayée, qui presse sur les
dalles insensibles son cœur et son visage. Elle aurait
pu m'aimer, et nous étions nés l'un pour l'autre ;
qu'es-tu venu faire sur nos lèvres, orgueil, lorsque
nos mains allaient se joindre ?

CAMILLE : Qui m'a suivie ? Qui parle sous cette
voûte ? Est-ce toi, Perdican ?

PERDICAN : Insensés que nous sommes ! nous nous
aimons. Quel songe avons-nous fait, Camille ?
Quelles vaines paroles, quelles misérables folies
ont passé comme un vent funeste entre nous deux ?
Lequel de nous a voulu tromper l'autre ? Hélas !
cette vie est elle-même un si pénible rêve ! pourquoi
encore y mêler les nôtres ? Ô mon Dieu, le bonheur
est une perle si rare dans cet océan d'ici-bas ? Tu
nous l'avais donné, pêcheur céleste, tu l'avais tiré
pour nous des profondeurs de l'abîme, cet inesti-

mable joyau ; et nous, comme des enfants gâtés que nous sommes, nous en avons fait un jouet. Le vert sentier qui nous amenait l'un vers l'autre avait une pente si douce, il était entouré de buissons si fleuris, il se perdait dans un si tranquille horizon ! Il a bien fallu que la vanité, le bavardage et la colère vinssent jeter leurs rochers informes sur cette route céleste, qui nous aurait conduits à toi dans un baiser ? Il a bien fallu que nous nous fissions du mal, car nous sommes des hommes ! Ô insensés ! nous nous aimons.

Il la prend dans ses bras.

CAMILLE : Oui, nous nous aimons, Perdican ; laisse-moi le sentir sur ton cœur. Ce Dieu qui nous regarde ne s'en offensera pas ; il veut bien que je t'aime ; il y a quinze ans qu'il le sait.

PERDICAN : Chère créature, tu es à moi !

Il l'embrasse ; on entend un grand cri derrière l'autel.

CAMILLE : C'est la voix de ma sœur de lait.

(Acte III, scène 8)

Chronologie

Jean Racine
et son temps

SI LA VIE DE RACINE A DÉBUTÉ et s'est achevée chez les Solitaires de Port-Royal, elle a aussi coïncidé pleinement avec le siècle de Louis XIV, dont il était presque l'exact contemporain, c'est-à-dire avec le faste et l'amour des divertissements, parmi lesquels brille le théâtre, avant de se figer dans la dignité et la dévotion. Racine a brûlé presque tous ses documents personnels : en homme de son temps, une époque où il ne convenait pas de parler de soi, il n'a pas tenu à expliquer à la postérité comment il a pu devenir auteur dramatique, quand les jansénistes mettaient en garde contre les dangers de l'illusion dramatique, ni les raisons intimes qui lui ont fait abandonner le théâtre, où il excellait, pour s'adonner à sa carrière de courtisan — devenant historiographe du roi — mais aussi pour se rapprocher de Port-Royal, à la fin de sa vie, alors même que Louis XIV reprenait les persécutions contre les jansénistes. Tendre Racine ? Personnage sans scrupules ? « Caméléon » ? Honnête homme ? Fidèle ? Les images se superposent, complexes, et ne permettent jamais de réduire l'œuvre à une interprétation biographique. Restent donc et avant tout les tragédies de Racine…

1.

De Port-Royal au théâtre

Né en 1639, issu d'une famille de magistrats de La Ferté-Milon, Jean Racine a perdu très jeune ses parents et a été recueilli par ses grands-parents. En 1649, à la mort de son grand-père, le jeune Racine rejoint l'abbaye de Port-Royal avec sa grand-mère : depuis longtemps, sa famille a des liens avec les Solitaires et sa tante ainsi que sa grand-tante y sont religieuses. Il entre ainsi aux « Petites Écoles » fondées par l'abbé de Saint-Cyran, que les jésuites, hostiles aux jansénistes, nomment la « secte des hellénistes de Port-Royal ». Racine y apprend effectivement le grec, mais surtout il y reçoit une éducation exceptionnelle : ses maîtres, les illustres Pierre Nicole, Claude Lancelot et Antoine Le Maître, ont des méthodes pédagogiques innovantes et, alors que l'éducation traditionnelle est encore entièrement fondée sur le latin, ils font analyser des textes en français, désireux avant tout de former le jugement. C'est à Port-Royal que Racine doit d'avoir pu développer une immense culture littéraire et chrétienne, un goût pour la lecture et d'extraordinaires capacités intellectuelles qui vont l'aider à s'adapter à la vie mondaine et à innover dans l'écriture dramatique.

Pendant ce temps, des controverses théologiques secouent Port-Royal : les Solitaires, disciples de saint Augustin, et que leurs ennemis appellent les « jansénistes », sont austères, prônent un retrait du monde

et suivent une interprétation pessimiste de la grâce
en affirmant que tous les hommes ne la reçoivent pas
également. Dans un royaume catholique, une telle
question relève du religieux et du politique : les polé-
miques et les persécutions se succèdent. Le pape
condamne les propositions attribuées à Jansénius, la
Sorbonne prononce la « censure » contre Arnauld,
Pascal rédige ses *Provinciales*, brillantes lettres en
faveur des Solitaires, Port-Royal est dispersé, le
miracle de la Sainte-Épine permet aux Petites Écoles
de rouvrir… Enfant, Racine a vécu de près tous ces
rebondissements dont dépendait son propre destin :
il a vu au plus près non seulement comment les Solitaires élaboraient une doctrine religieuse rigoureuse, mais aussi comment ils réagissaient à chaque
attaque. Il est possible qu'il ait aussi appris à Port-
Royal l'art de la stratégie politique, dont il a nourri
ses tragédies et qui lui a permis de faire une éton-
nante carrière au théâtre et à la cour.

1637	Corneille, *Le Cid*.
1638	Naissance de Louis XIV.
1642	Mort de Richelieu.
1643	Mort de Louis XIII et régence d'Anne d'Au-triche.
1653	Condamnation par le pape des cinq proposi-tions attribuées à Jansénius.
1656	Pascal, *Les Provinciales*.
1656	Miracle de la Sainte-Épine et suspension de la persécution contre Port-Royal.
1657	Abbé d'Aubignac, *La Pratique du théâtre*.
1659	Corneille, *Œdipe*.
1659	Molière, *Les Précieuses ridicules*.

2.

Temps de succès, tant de scandales

Une année à Paris chez des cousins et voilà que Racine, à peine âgé de vingt ans, propose à Molière une pièce de théâtre ! Les comédiens finissent par la refuser mais Racine parvient à se faire connaître en publiant une ode composée pour le mariage du roi, *La Nymphe de la Seine. À la Reine* ! Si le jeune homme cherche encore à assurer son avenir, accepte de partir à Uzès où il espère obtenir une charge, de retour à Paris, un an plus tard, il se remet à écrire, et, en 1663, protégé par Jean Chapelain, grand homme de lettres proche de Colbert, il obtient une gratification royale en récompense de son *Ode sur la convalescence du Roi*. Il s'est aussi remis à composer pour la scène et Molière accepte de créer en 1664 *La Thébaïde*, qui est accueillie favorablement par le public. La carrière d'auteur dramatique de Racine est lancée !

L'année suivante, Racine trahit Molière à qui il a initialement confié son *Alexandre* pour donner cette tragédie qui paraît d'emblée remporter un grand succès aux Grands-Comédiens de l'Hôtel de Bourgogne, plus habiles que Molière dans l'interprétation du répertoire tragique. C'est le début des scandales qui vont accompagner la carrière de Racine ! Il gagne aussitôt une réputation d'opportuniste et d'ingrat. Car il se lance immédiatement dans la querelle sur la moralité du théâtre, en répondant par des lettres brillantes, qui rappellent le style de Pascal dans les *Provinciales*, à la condamnation que

Pierre Nicole fait du théâtre : en fait son ancien maître de Port-Royal vise avant tout Desmarets de Saint-Sorlin, auteur dramatique de l'époque, et s'attache à montrer que même le grand Corneille est à mettre au nombre des empoisonneurs d'âmes. Mais Racine réagit comme s'il était personnellement attaqué : c'est la rupture avec Port-Royal, et un moyen habile pour faire parler de lui.

Les triomphes à la scène vont achever la consécration de Racine : *Andromaque* en 1677 avec Mlle Du Parc dans le rôle titre ; une comédie inspirée d'Aristophane, *Les Plaideurs*, en 1668 ; *Britannicus* en 1669, où, traitant d'un sujet romain et historique, Racine montre qu'il veut rivaliser avec Corneille ; *Bérénice* en 1670, en concurrence avec *Tite et Bérénice* de Corneille, qui est un immense succès pour Racine, en partie grâce à l'interprétation tout en tendresse que la Champmeslé donne de son héroïne ; *Bajazet*, une intrigue turque tout à fait à la mode quand Louis XIV essaie de nouer une alliance avec l'Empire ottoman, et *Mithridate* en 1672 ; création royale d'*Iphigénie* à Versailles pendant les Divertissements de Versailles en 1674 ! Des romans d'amour ? Des amours de théâtre tout au moins avec les plus grandes comédiennes, la Du Parc, d'abord, laquelle meurt dans des conditions suspectes en 1668, ce qui vaut à Racine d'être inquiété dans la retentissante affaire des Poisons en 1679, avant d'être blanchi, la Champmeslé ensuite, à qui, dit-on, Racine fait répéter vers par vers ses rôles, dont celui de Phèdre.

La reconnaissance officielle ne tarde pas et les gratifications sont toujours plus élevées, les charges honorifiques s'accumulant. Racine est élu à l'Académie française en 1672. Il obtient la charge de trésorier de France et général des finances, office anoblissant, en 1674. Le théâtre aura donc assuré la promotion sociale de Racine : le dramaturge s'est constitué un bien personnel important et a obtenu une position dans le monde. Parallèlement, il prend soin de la bonne publication de ses pièces. Il leur ajoute des dédicaces à d'illustres personnages, sous le patronage desquels il se place en début de carrière, jusqu'à *Bajazet*, moment où sa célébrité est acquise. Dès 1674, il fait éditer un recueil de ses *Œuvres*, où il donne une version corrigée de ses pièces et de leurs préfaces après suppression des dédicaces initiales : à trente-cinq ans, il publie déjà son théâtre, tout comme Corneille l'avait fait en 1660, comme si sa carrière théâtrale était achevée.

1660	Publication des trois volumes du *Théâtre* de Corneille accompagnés de Discours et d'examens des pièces.
1660	Mariage de Louis XIV et de Marie-Thérèse d'Espagne.
1661	Mort de Mazarin et début du règne personnel de Louis XIV.
1661	Mort de Mère Angélique, réformatrice de Port-Royal.
1662	Mort de Pascal.
1662	Molière, *L'École des femmes*.
1664	À Versailles, fête des «Plaisirs de l'Île enchantée».
1666	«Querelle des imaginaires».
1668	La Fontaine, *Fables*.
1669	Création de *Tartuffe* de Molière au Palais-Royal.
1670	Corneille, *Tite et Bérénice*.

3.

Consécration et ambiguïtés

L'année 1677 marque un tournant dans la vie de
Racine : il publie sa dernière œuvre profane,
Phèdre, il se marie et il est nommé historiographe du
roi. C'est tout à la fois l'année de sa « meilleure tragédie » et de son abandon du théâtre.

Sa dernière tragédie, créée sous le titre de *Phèdre
et Hippolyte*, a eu des difficultés à s'imposer : elle
est d'abord concurrencée par une pièce composée
par Jacques Pradon, soutenu par le cercle de la
duchesse de Bouillon, qui cherche à ternir l'image
de la « chambre du sublime » de Mme de Montespan
où règnent Racine et Boileau. C'est une méchante
cabale accompagnée d'une guerre des sonnets, et
même de menaces de coups de bâton... Mais la tragédie de Racine triomphe au point de devenir pour
la postérité l'image du sommet de l'art tragique.

C'est aussi le moment où Racine accède à une
charge exceptionnelle : être historiographe du roi
est un honneur sans pareil et le conduit à fréquen-
ter le plus grand roi du monde. Une telle dignité
ne lui semble-t-elle pas conciliable avec le théâtre ?
Pense-t-il qu'il lui faut entièrement se consacrer à

écrire pour et sur le roi ? Ou encore est-ce déjà l'effet d'un sentiment religieux plus scrupuleux, voire d'un rapprochement avec Port-Royal ?

Il est certain que Racine suit désormais Louis XIV dans ses campagnes militaires ainsi que dans ses déplacements officiels et à la cour : mais il ne reste rien de ses écrits, un incendie les ayant ravagés. Sous l'influence de Mme de Maintenon, le roi devient dévot, délaisse le théâtre : Racine fait de même. Mais, à la demande de Mme de Maintenon, Racine accepte de composer deux tragédies bibliques pour les jeunes filles de la pension qu'elle a fondée à Saint-Cyr. *Esther* y est créée en 1689, les parties chantées sur une musique de Moreau, *Athalie* n'y est que répétée en 1691 : les sujets bibliques, quand ils sont représentés, même par de jeunes écolières, sont désormais dangereux aux yeux des dévots les plus zélés. Racine n'en surveille pas moins attentivement la réédition de son théâtre en 1687 et 1697 : il œuvre pour que ses pièces appartiennent moins aux tréteaux du théâtre qu'au genre noble de la littérature. Conseiller secrétaire du roi à partir de 1696, il a le privilège immense d'assister au petit lever du Roi-Soleil, de faire parfois des lectures à son chevet : à la fin du siècle, l'orphelin de La Ferté-Milon a été gratifié de la noblesse héréditaire.

Parallèlement, il a renoué avec Port-Royal et tâche d'intervenir en faveur de l'abbaye toujours en butte à l'hostilité royale. Il rédige même, en secret, un *Abrégé de l'histoire de Port-Royal*, et demande sur son testament à être enterré à Port-Royal-des-Champs, ce que Louis XIV accepte en 1699, pour ensuite ordonner de déplacer sa dépouille lorsque, en 1711, il fait raser l'abbaye. Racine, courtisan ou janséniste ? La légende et la réinterprétation des tragédies ne font que commencer.

1675	Lully et Quinault, *Thésée*, opéra.
1677	Pradon, *Phèdre et Hippolyte*.
1678	Mme de La Fayette, *La Princesse de Clèves*.
1679	« Affaire des Poisons ».
1682	Installation définitive de Louis XIV à Versailles.
1683 ?	Mariage secret de Louis XIV et de Mme de Maintenon.
1684	Mort de Pierre Corneille.
1685	Révocation de l'Édit de Nantes.
1687	Mort de Lully.
1688	La Bruyère, *Les Caractères*.
1693	Fontenelle, *Parallèle de Corneille et de Racine*.

Faites le point sur Racine :

Le renouveau critique de la fin des années 1950

Roland BARTHES, *Sur Racine*, Seuil, 1963.

Lucien GOLDMANN, *Le Dieu caché*, Tel Gallimard, 1959.

Charles MAURON, *L'inconscient dans l'œuvre et la vie de Racine*, Ophrys, 1957.

Raymond PICARD, *La Carrière de Jean Racine*, Gallimard, 1956.

Monographies

Jean-Louis BACKÈS, *Racine*, Seuil, 1981.

Christian BIET, *Racine ou la passion des larmes*, Hachette, 1996.

Georges FORESTIER, *Jean Racine*, Paris, Gallimard, 2006.

Thierry MAULNIER, *Racine*, Gallimard, 1936. *Lecture de* Phèdre, Gallimard, 1967 (rééd. 1985).

Jean ROHOU, *Jean Racine entre sa carrière, son œuvre et son Dieu*, Fayard, 1992. *L'Évolution du tragique racinien*, SEDES, 1991 ; *Jean Racine. Bilan critique*, Nathan, 1994 ; *Avez-vous lu Racine ?*, L'Harmattan, 2000.

Alain VIALA, *Racine. La Stratégie du caméléon*, Seghers, 1990.

Éléments pour une
fiche de lecture

Regarder le tableau

- Imaginez que vous ne connaissiez pas le titre du tableau : à quelle époque situez-vous la scène ? Qui est le personnage principal ? Quelle atmosphère règne dans la pièce ?
- Cet intérieur porte les signes du monde extérieur : quels sont-ils ?
- Les trois femmes se regardent-elles ? Pourquoi ?
- D'où vient la lumière ? Sur qui ou quoi se pose-t-elle ?

La structure dramatique

- Comment Racine respecte-t-il les règles de la dramaturgie classique ? *Phèdre* répond-elle à la règle des trois unités (action, temps et lieu) ? L'action et les personnages sont-ils conçus selon les critères de vraisemblance et de bienséance de l'époque de la création ? Comment Racine contourne-t-il les difficultés présentées par le sujet qu'il choisit de traiter ? Relisez la préface pour faire apparaître comment le dramaturge a innové par rapport à ses prédécesseurs.

- Quelles sont les scènes qui participent à l'exposition ? Qu'apprend-on pour suivre l'action ? Quelle est la progression ?
- Où se situe le dénouement ? Est-il nécessaire, rapide et complet ? Sait-on ce que deviennent les personnages ?
- Quelle est la fonction du récit de Théramène ? Pourquoi Racine choisit-il de faire raconter la mort d'Hippolyte plutôt que de la montrer alors que Phèdre meurt empoisonnée sur scène ?
- *Phèdre* est souvent qualifiée de tragédie des aveux : quels aveux y trouve-t-on ? À qui sont-ils faits ? En quoi structurent-ils la pièce ? Peut-on observer des effets de symétrie, une progression ?

Les personnages

- Quels effets de ressemblances et d'oppositions observez-vous entre les caractères de Phèdre et d'Hippolyte ? Entre Hippolyte et Aricie ? Entre Phèdre et Aricie ?
- Qui sont Œnone et Théramène ? Quel est leur rôle auprès de Phèdre et d'Hippolyte ? En quoi peut-on les considérer comme des doubles des héros ? Quelle part chacun d'eux prend-il à l'action ? Pourquoi ? Que deviennent-ils ? Aidez-vous de la préface pour répondre.
- À quel moment de la pièce Thésée fait-il son apparition sur scène ? Que savez-vous sur ce personnage avant de le voir ? Le héros correspond-il à son image ? En quoi son rôle est-il capital dans la progression de l'action ?

Interprétations et mises en scène possibles

- Quels comédiens choisiriez-vous pour interpréter les différents rôles de la tragédie? Quel âge donneriez-vous à Phèdre? Comment l'héroïne peut-elle être interprétée? Comme une jeune fille qui découvre l'amour ou comme une femme ravagée par une passion malade?
- Relevez et explicitez toutes les indications données pour l'interprétation scénique de la scène 5 de l'acte II.
- À partir des dialogues des scènes 4 et 5 de l'acte III, décrivez les mouvements des personnages et imaginez une scénographie possible.

Écriture

- «Phèdre n'est ni tout à fait coupable ni tout à fait innocente», écrit Racine dans sa préface à la tragédie. Qu'en pensez-vous?
- «La seule pensée du crime y est regardée avec autant d'horreur que le crime même», ajoute Racine à la fin de sa préface. Cette affirmation correspond-elle à votre lecture de *Phèdre*? Considérez-vous que la pensée du crime puisse être aussi grave que le crime lui-même?
- «Dire ou ne pas dire? Telle est la question», dit Roland Barthes dans une formule parodique restée célèbre. En quoi Racine a-t-il porté «l'être même de la parole sur scène» avec *Phèdre*?

DANS LA MÊME COLLECTION

Lycée

Série Classiques

Composition Bussière.
Impression Novoprint
à Barcelone, le 24 juin 2013
Dépôt légal : juin 2013
1ᵉʳ dépôt légal : août 2008

ISBN 978-2-07-035671-3./Imprimé en Espagne.

256665